花有重開日，人無再少年！

時空過客／著

自序

每個人都有自己的人生經歷，只是有的人可以長命百歲，有的人卻只是短暫停留。年長的人也都曾有年少輕狂，跌宕起伏的時候，基於感恩前人對自己的經驗分享，及發心協助年輕人度過人生中重要的坎，這本書應運而生。

過去十年，許多認識的長輩（包括先父）和同學陸續離世，對於年過半百，經歷人生上半場的我，深感人生無常，在病榻上休養Covid 19之餘，興起了寫下自己過去三十年的人生經歷與心得，分享給年輕人的念頭。振筆疾書後，寫了六萬餘字，以年輕人常遇到的困擾——服兵役、留學，及換工作，作爲心得分享的主題，並以自己的親身經歷爲例，說明求生之道。

在徵兵制度變革以前，服兵役對所有在台灣的男孩都是件大事，也是周邊男性長輩都曾經歷過的事。以一個大專兵爲例，從在學校時代接受初步的軍事知識，到上成功嶺短期訓練，大學四年軍訓課及畢業後眞正下部隊服役，這個經歷對一個初入社會的年輕人，影響是十分深遠的。

有人說當兵是一個男孩轉變成眞正男人的過程，此話見仁見智，但不可否認的是，每個當過兵退伍的男人，都忘不了那一段日子的經歷，並且在未來的人生中會不斷地重複被提起，並深深地受到影響。

服兵役，好嗎？每個人的人生際遇不同，我沒有標準答案，簡單說，平安熬過了那段時間都好。但暮然回首，許多奇遇讓我永生難忘，也增益了我的能力、豐富了我的人生，及影響我後來在面對困境時，擁有堅強不退縮的勇氣。很感恩曾經陪我一起經歷那段日子的好弟兄和長官。民國112年剛好是退伍屆滿三十年，我將以主題貫穿方式介紹，從一個大專兵和預備軍官的角度，記錄我印象中短暫又獨特的軍旅生涯。

出國留學對五六年級生而言，是一種風潮，也是一種歷史的必然。當台灣經濟起飛，國民所得增加後，在父母望子成龍，望女成鳳的期待，及越來越多大學畢業生的競爭壓力下，取得碩士學位儼然已成爲趨勢，也是求職獲取高薪的門檻。這和三四年級生留學出國，除了有志研究返國教學工作外，部分是爲下一代尋找一個更好生活環境有所不同，在異鄉吃苦的程度，更是不可同日而語。

來來來，來台大，去去去，去美國，是那個時代的一個帶有玩笑意味，卻又眞實的寫照。就周遭朋友或我自己觀察到的情形，一般而言，除部分學科（如法學），常以德國、日本，或歐洲國家爲留學國家外，多數留學生大都考慮以美國——這個世界上在許多領域都執牛耳的強國，爲主要留學國家。

出國留學後，站在不同的角度看世界，接觸不同文化及人種，才知道世界有多大，不同文化之間的差異有多深。每個人的留學經驗不同，個人短暫經驗無法以偏概全，只能供參考。

找到一份好工作，有發揮自我才能及成長的空間，並能長久穩定地獲得相對的薪資報酬，相信是多數人都希望達到的目標。但要能夠實現這個願望，卻並不是每個人都能如願以償的。

自六零年代到八零年代台灣經濟起飛，外國人投資台灣企業（如台積電），或因台灣出口貿易發達，人民逐漸富裕，外國金融機構爭相在台灣設立分行或分公司，大量需要跨國商務或法務人才從事法令諮詢、合約審查，或司法訴訟，因此創造了許多就業機會。然爾，在充滿機會的環境中，能否申請到好公司上班，最終還是要看自己的本職學能，和求職及面試的態度，在衆多的競爭者中，脫穎而出。就算能進入好公司，能否與公司文化相契合，與上司主管充分配合，及同仁相處愉快，也考驗著自己的能力與耐力，及人格的成熟度。

本書是憑藉著過去三十年來的印象寫的，必須先說明的是，內容除了作者自己本身實際經驗外，也有一些是當時聽到未經求證的訊息，所以盡量用去識別化方式描述。因人事已非，且現今國軍的設備、素質及管理，也大幅提升，服兵役條件與當時已不可同日而語；而美國近十幾年來，政治社會風氣不變，許多方面和過去已大不相同，連美國前國務卿希拉蕊在2016年敗選時也感嘆說：「選舉結果顯示美國比我們認爲得還要更分裂」；而有些當年曾服務的外商公司，也都離開台灣，現今還在台灣的外商公司，規模及數量也變小或變少。但與人性有關或成長階段會遇到的問題，仍是亙古不變的。

希望這本書能對上個世紀九零年代服兵役和出國留學的稗官野史有興趣的讀者，及協助這一代年輕人排除人生道路上可能遭遇的障礙，有所助益。

目錄

參、工作職場篇

壹、服兵役篇

前言

由於歷史的因素使然，過去一個多世紀，保家衛國抵禦外侮，軍人一直都是站在第一線犧牲奉獻，也因此發生許多可歌可泣，驚天地慟鬼神的故事。以當兵爲國打仗爲榮，也就順理成章出現在當代流行的哥哥爸爸眞偉大的兒歌中。

五六年級這一代當過兵的男生，不管彼此是否認識，談到當兵的經驗，每個人都會陷入深深的回憶，滔滔不絕地敍述如何度過那一段日子。年輕時，在讀歷史的過程中，意識到如果一個國家不富強，那麼人民的生活是不會幸福的，甚至會影響到好幾代人的人生。

當國民黨政府失去大陸政權，數百萬軍民退守到台灣這個孤島生聚教訓，在退一步卽無死所、反共抗俄，及教忠教孝的氛圍下，從軍報國是當時許多年輕人的志願，他們的愛國心是我們這一代人所無法想像的。記得在國中時，看到幾位學長畢業後志願就讀中正國防幹部預備學校，背上紅帶子在講台上接受校長向全校同學表揚後歡送入伍，而我自己也曾經因爲接連擔任連上值星官和大門口衛兵司令勤務繁重，連續幾週沒有外出放假，陸官第五十五期畢業的連長對著一臉苦瓜的我說，「X排，相忍爲國」以爲國爲民作爲鼓勵支撐的力量。看到許多志願役

軍官，犧牲個人和家庭的生活，付出青春和心力，留守營區或參加演習，無法享有一般老百姓所擁有的自由，或與家人常聚，這些也是我想爲我當兵所經歷留下紀錄的初衷。當然，服兵役的日子，事後回想，也有好玩的時候，如行軍打野外，押車採買和運送軍品，認識來自不同地方社會各階層的的弟兄，碰觸難得見到的戰甲砲車和武器，也學到帶兵和處理事情的方法（如治兵不比牧民，不吃兵、喝兵、打兵），建立良好的生活習慣，更因見識到生死而了解人生是無常的。

在國家政策改變延長徵兵役期的同時，願藉個人經驗分享當兵時應注意的事項，及存活的方法，給後進的年輕學子一些小貼士（Tips）。退伍雖已三十年，但相信人性，和軍中袍澤間的情誼，是永恆不變的。

一、大部隊集合

高中畢業後進入大學當新鮮人前，對我們那個時代十八歲的大男生，必須先上成功嶺，接受為期一個多月的軍事訓練（即暑一梯），而成功嶺大專集訓於民國88年2月4日最後一梯結訓後，走下歷史舞台。據悉在實施四十年後，有將近130萬大專兵曾經上過成功嶺。

經過了中學六年苦讀，及為了準備大學聯考，不少的高中生都是四眼田雞，手無縛雞之力，雖然在學校教官已經諄諄教誨我們單兵基本教練、歸零射擊，及到官田靶場打靶等，對即將到來與軍訓課截然不同的實際軍事訓練，心中多少都會有點忐忑不安。

初上成功嶺時，看到門口矗立一塊大石頭，紅紅的三個大字 - 成功嶺，及偌大的集合場和精神標語，著實令我這個菜鳥軍人心頭一震。從入伍第一天剃光頭到兩週後實際到集合場上操練，才真正感受到大部隊集合時，逐層回報人數的井然有序，及移動時大部隊的雄壯威武和跑步時震天響的軍鞋踏步聲。

在生活上，班長每天從早到晚緊迫盯人，起床、盥洗，整內務（棉被、蚊帳和枕頭），擦皮鞋和銅環，去線頭，剪指甲和刮鬍子，每個動作都要確實，而且動作前要先對錶，吃飯時也被要求禁聲、板凳坐三分之一，腰桿挺直等，違反者輕者被訓斥，重者就伏地挺身或交互蹲跳，每位學生都精神緊繃，哨聲，及喝斥聲經常充斥在耳邊，當時我心裡常想，這些班長是怎麼了，爲什麼對我們那麼不友善，之後了解班長的理由是「合理的要求是訓練，不合理的要求是磨練。」是的，我們這些死老百姓，要經過磨練才會一個口令，一個動作。眞正上戰場時，才不會如一盤散沙。聽說，班長們都是黃龍士官隊畢業的，個個身手矯健，本職學能強，但也有班長比較「nice」，看到剛入伍的我們被嚇得如驚弓之鳥，也會不時關心詢問有誰幾天沒大號？另外，所有人的襪子上要繡上記號，用痲繩綁好交由公差送去洗，內衣褲也一樣，但常常傍晚拿回來時，自己的襪子已經被別人「幹掉了」，有個同學的褲子被偷後，一件內褲一連穿了好幾天，除了正反面對調穿外，內外翻面後再繼續穿，撐到週末放假。汗臭加上汙穢，長皮膚病的，也所在多有。

小貼士：不打勤、不打懶，就打不長眼。眼觀四面、耳聽八方是在部隊團體生活中，不被盯上的重要法寶。自己要想出一套求生保護自己的方法。

成功嶺上的菜鳥學生兵

二、肝膽相照與教育班長

部隊最小的戰鬥單位是班（當然還有伍，有伍長），教育班長是一個班的靈魂人物，班長的個性，決定班兵未來的日子是否好過。同學們來自各地，原則上都是大專兵背景相同，所以溝通起來比較容易。爲了加強大家的向心，屏除個人心中的私心，以團隊的榮譽爲優先，部隊的政戰單位，會舉辦肝膽相照或榮譽團結會等活動，放鬆大夥心情，透過吃吃喝喝及餘興節目（由各單位自導自演），拉近彼此距離。在同性的環境中，朝夕相處，有時會有利益衝突的時候（如任務派遣或抓最後一個），有時也有義氣相挺的時候（如把無理要求的教育班長假想成共同敵人），憂戚與共的「革命情感」隨著時間的過去，更是逐日增長，這也是爲何到結訓時，同梯同學都會依依不捨。

我們的教育班長是個有個性喜歡戴黑鏡片的酷哥，有次到後山（有許多古墳，也有用機車載汽水肉粽販賣的歐巴桑，人稱小蜜蜂）實地訓練回程中，有同學不識相惹惱班長，除演出如電影「報告班長」中左去右回的情節外，又在崎嶇不平的紅土地上玩起匍匐前進，弄到大家四肢破皮，哀鴻遍野，之後再以肩槍的方式，整隊跑步回連上。當時的槍是伍七式步槍，拉槍機的槍柄突出，卡在肩鎖骨旁的凹陷中，跑步時上下震動，那種感覺痛得要死。所以，有人說「不怕官，只怕管。」下士班長雖然只是最小的管理者，但在新兵前面卻是具有無上權力的大怒神。

除了生活上的訓練外，武器的認識與拆解組合，更是重中之重的課程，如何保養擦拭及正確地使用工具，也是透過教育班長的教導。在練習打靶時，每個靶位旁一定有位安全士官，指導如何安全射擊，排除故障及裝卸彈藥，不能不說班長是基層連隊作戰的骨幹，也是新兵的主要照顧者。

> 小貼士：「閻王好惹，小鬼難纏。」班長是基層連隊的骨幹，當大頭兵的日子好不好過，要看是否能符合直接管理者要求的點。

三、今天有沒有信？

當年在成功嶺的日子，是個手機和網路不普及的年代，除公用電話外，就是靠書信與外面親友連絡。在軍隊中的日子基本上是苦悶的，除了一開始受訓幾週精神緊繃無暇苦悶外，其他的時間因有安排軍歌教唱（如著名的「成功嶺上」）等愛國教育，軍事教育（如拆解五七式步槍）和生活教育（如擦鞋子、銅環，和打掃環境），日子還算充實。有些同學在高中時就已經有女友，每每在傍晚發信時，經常上台去領信，對於沒有女朋友或親人來信的，只有眼巴巴的期待，獨自嘆息。爲解決這些大多數初次離家接受軍事訓練大男生的孤寂感，除了週末放假外，部隊也有辦懇親會，讓這些學生的家屬朋友，能進入營區訪視，一方面可感受家中大男生「轉大人」的喜悅，另一方面也同時療癒這些「心靈空虛」的菜鳥軍人。

軍中的生活除了應付每日緊湊的任務需求外，其餘時間須靠自己想出合適的方式發洩苦悶心情。由於同梯同學彼此都有遭遇類似的情形，比較有同理心，互相吐苦水及打氣是常見的方式（如41期醫官的小小醫務室，是營區內同期預官最喜歡聚在一起取暖的地方），但有些事情或人不對時，是無法傾訴自身困難的。在我下部隊時，軍中政戰單位已有類似民間「張老師」

專線的趙老師和心理輔導官，提供輔導長體系以外的另類舒壓通道，解決阿兵哥因個人或其家庭或在部隊所遭遇的各類問題，平時就預先做好情緒疏導，避免憾事發生。

下部隊的生活，由於不像新訓中心緊迫盯人的管理，在完成今天任務後，如有空閒時間，有的同學會利用時間看書，爲退伍後出國或高等考試做準備，但要看所服務的單位及場地是否容許。當少尉預官的好處是，至少有個自己的小房間，在不影響部隊作息和他人的情形下，是可以利用時間做自己的事。

小貼士：入伍前後都要建立適當的人際網絡，在無法外出休假時，找人傾訴或看書是最好且適合的方式。要時時注意自己的身心狀況，避免壓力無法抒發炸鍋，切記服役當兵是一時的，平安退伍才是真的。

四、槍口不要對人

在回顧這一段經歷時，心中是悲傷的，每每想起，多麼希望這件事從未發生過，但為了避免歷史重演，還是要提醒一下後進。在就讀高中時，有次軍訓課練習拆解步槍時（印象中還是第一次世界大戰時用的槍），我調皮地把拆得只剩下空空的槍管，對著台上的教官，中校教官馬上喝斥，並及時機會教育說：「要時刻注意，槍口不要對人。」沒想到，兩年後在上成功嶺時，不幸的事情竟然發生在短短的四十二天受訓期間內。

成功嶺的新兵訓練原本應該是最安全的，經過了幾週的適應與訓練，同學們期待並準備迎接結訓日子的到來。結訓前的重頭戲，除領導智能和攻山頭丟練習用手榴彈外，就屬震撼教育（軍教片上有）了。當天抱著緊張又興奮的心情，到了爬低絆網的場地，一波接著一波上，頭上有噠噠噠的槍聲，也不知道是否有眞的子彈飛過，我緊跟著戴黑鏡片的班長，奮力死命往前爬，乖乖，班長他老兄爬得好快，班長回頭看我時，我正喘著大氣大口吸入揚起的黃色塵土，他大叫叫我閉上嘴巴，霎時不遠處地下傳來好大「ㄉㄨㄤˋ」的一聲轟隆聲（聽說是半磅的TNT），巨大的聲音震得我耳朵嗡嗡叫，頓了好一會兒，我才又繼續往前爬。

回到連上，所有人將槍枝放回軍械室，稍作梳洗後到連集合場上集合，只有第十班的同學和兩個班長留在軍械室裡擦槍，突然聽到「ㄅㄧㄤˋ」的一聲，樓上有位班長大叫「你爲什麼扣板機」，值星官（預官排長）一聽不妙，立馬飛奔上二樓，下來後告訴大家出事了。之後的情形據聽的到是，有兩位同學受傷，立即以營長車將傷者送醫。當晚我們全部人都在教室集合，副師長和國防部長官有來對我們說明。原來是某個連的連長，可能是爲了參加震撼教育，未遵守規定將手槍的槍彈分開放，回來後也忘了把子彈取出來，平時對我們比較「nice」的那個班長，清槍時拿起連長的槍，用槍口對著第一位同學，並扣下板機，憾事就發生了，後面第二位同學也受到重傷。相信當時班長一定也是傻住了，不知道槍裡面怎麼會有子彈。這件事情對當時不到二十歲的我，印象深刻。一直到結訓前，我們的連旗旁都掛了一條黑色的布條，每個人的心情都很沉重。其實，在美國影劇圈，也發生過不知槍枝內有子彈誤擊的事件，實在不可不慎。

小貼士：在部隊中，任何的武器與裝備的使用和時機，都有嚴格的規定，一定要抱著十分謙虛和尊敬的心，嚴肅遵守規定使用，切勿用槍口對著人或站在槍砲口的前面。

五、運輸兵的搖籃

大學四年轉眼即將過去，同學們不是升學、投入職場，就是參加國家考試。不繼續升學的男生，得準備畢業後馬上去當兵。在大三住校外時，一位退伍回來準備國考的大學長曾經勉勵我一定要考上預官。大概是因爲大專生體能差，當一般大頭兵會被老兵操翻，而且當預官，以後看起來也比較有官樣（不知是否爲眞？）。爲此，大四那年春節，我特別提早北上返回學校準備預官考試。由於聽說當步兵排長可能要行軍和帶兵很操，想想努力加考一科中國現代史，看看能否考上特種軍官（軍法、經理、運輸或補給），以爲能在軍中擔任比較輕鬆的幕僚職位。最後很僥倖，放榜時考上運輸官。

炎熱的七月，從南部搭車到板橋轉車到土城頂埔運輸兵學校（後來在1994年併入陸軍後勤學校，現址已改爲鴻海總部）報到。運輸兵學校是一個頗具歷史的軍事單位，一進門就可以看到幾個陳列的老運輸機具（如水鴨子，直升機）和一個大車輪。大操場旁有幾個棚子但沒有任何遮蔽，底下有幾口大方形水池，是我們洗澡的地方，每天同學們都坦誠相見，也不管四周是否還有民宅。一到下雨天，後面山上火葬場的泥沙隨雨水沖下，水池的水都會變成混濁的黃色，拿來盥洗，心中很不是滋味。每天睡覺前，也要將臉盆打好水放在營房周遭，一早起來洗臉刷牙一次來，節省時間，但水中有時因爲前晚下雨，多出了一些小蟲或雜質，一樣要用這盆水刷牙洗臉。

運校的草叢多，蚊子又大又兇，總是趁著我們聽隊長講話不准動的同時，對著穿著黃埔短褲的同學們大咬特咬，隊長也眞厲害，被咬也完全沒有受到一丁點影響。草叢多也有個好處，晚上站衛兵時，可以看到許多螢火蟲在空中飛舞，美麗的景色，眞是新奇又令人難忘。

除了像鋼鐵人的隊長外，和我們41期預官一起受訓的還有陸軍官校剛畢業的正期分科班的學生，軍服臂上繡有四條白色的橫槓，很是帥氣，代表了官校四年的磨練。我們預官甲班這一期在運校一共有144名同學，每班由兩位正分班的學生擔任班長，班長們使出官校學的那一套（可能還只用了一點點），踢正步、做體能，及生活管理，就把我們這群預官學生操練和管理得哇哇叫。想想若班長們把所學眞得全用上，我們一定會集體逃兵。下部隊後證明，還好有了正分班班長們十二週的調教，我也用上學到的幾招帶兵，很是實用。

不得不佩服陸軍官校訓練出來了的班長們，體格強健，拉單槓像喝水一樣簡單，要幾個有幾個，跑起五百公尺障礙，輕鬆又愉快，不像我們（80幾個大學生、10幾個專科生、40幾位碩士和1位博士），大多數同學拉單槓要死命蹬，才有一下，體能上相差一大截。

小貼士：考軍官福利待遇大不同，投報率高。遇到惡劣環境要能迅速適應。最後，入伍前最好自己先逐步鍛練體能，並能跑完3,000公尺。

六、行軍打野外

運輸兵科雖然不像步兵、砲兵，或裝甲兵等是戰鬥部隊，但作爲戰鬥支援部隊，須在戰場上槍林彈雨中運送補給，所以基本的戰技及體力，仍是需要訓練的。

運校隊職幹部看到我們這批少爺兵，讀書多年，個個弱不禁風，在課程中特別有安排三天行軍打野外，鍛鍊我們的體力。一天在機動到某營區後，隔日一早展開全副武裝在鄉間行軍。水壺被要求裝滿水，但不准喝，到終點時要檢查是否有少，而頭上頂者的鋼盔，即使墊了海綿，鋼盔的重量透過裡盔的網繩，壓在腦袋上，久了眞是頭痛到想要吐，又不能隨意拿下來，只能忍耐再忍耐。一有機會拿下鋼盔時，我都會用雙手手指拼命抓頭皮減輕又刺又癢的感覺。

途經一個廢棄的空軍基地休息，看到路邊有水龍頭，口渴到受不了的同學（包括我），也管不了衛不衛生，低頭快喝兩口，喝起來恍若甘泉。由於行軍隊伍拖得太長，當部隊再次開拔時，人數未清點確實，發生了一段小插曲，有幾位體力較差的同學掉隊沒人知道，之後連人帶槍，跑到空軍基地的守備部隊求援，才被安全地送回陸軍營區。

三天行軍打野外下來，回程時一切順利，隊職幹部稱讚我們這些書生的體力終於有些改

進，同學們對自己的體能也更具有信心。

行軍常遇到的問題，除了可怕的中暑脫水外，應該是長水泡了。有經驗的班長，會指導班兵如何在不弄破水泡的前提下，將水泡裡面的水吸乾，避免破皮感染，造成行動上的不便。

小貼士：在部隊中，人員、槍彈，及裝備一定要確實清點，避免責任上身。行軍打野外要隨時注意大部隊的動向，不可擅自離開團體，單獨活動。

七、授階運輸少尉

在運校接受十二週的運輸軍官養成訓練，首先要抽籤分組，我抽到的是公路組而非鐵路組（聽說之後派駐在火車站每天上下班比較爽）。除了在教室裡上課，學習兩噸半大卡車的內部構造和運作原理，了解內燃機、油路、電路、傳動、煞車等各類系統外，也會觀看二次世界大戰時美軍錄製的黑白影片，學習在戰時運輸兵的任務，及如何在夜色中進行車輛運輸。

戶外課程也十分有趣，實際駕駛兩噸半大卡車，在教練場內轉圈圈。沒開過大卡車的我，一上車就覺得視野看得很遠，因爲軍卡又高又寬且長，周遭的死角特別多，加上大卡車的轉彎半徑大，每次轉彎都必須特別注意，並要先算好距離。開軍卡很不容易，偌大的方向盤，光是要轉動就很費力，所以要開軍卡的駕駛兵，須要有強壯的臂力和體能，除此以外，還要能忍受酷熱和寒冷。不像二戰後推出的悍馬車有空調，兩噸半軍卡的引擎在車長和駕駛座的正前方，引擎產生的熱加上烈日的熱，在運校練習開車時，一上車就看到助教駕駛兵一副快熱昏厥的樣子，所以，當我下部隊擔任押車軍官時，有時天熱時會買一些冷飲，或在天冷時偶爾買一些檳榔給駕駛兵，一方面提神，一方面也是慰勞駕駛兵的辛苦。

授階的日子終於到來了，校長是運輸軍科最大的官階－少將，他爲我們這些從書生蛻變成軍官的144位同學們一一授階，台下有教導我們的隊職幹部，及對我們嚴格訓練又陪我們一起歡笑成長的正分班的班長們，由於他們的受訓期間比我們長，所以不好意思，我們就先告別運校了。

小貼士：軍中專長是在軍隊中保命的技能，了解並實際操作，熟練各種武器、車輛及裝備，並注意可能風險之所在。

八、下部隊

在運校受訓的壓軸戲，就是抽籤決定未來軍中歲月要去哪一個單位。隊職幹部準備好了大壁報和籤筒（透明的），並列出各單位及所需人數。有幾支外島籤，其中有一支籤王是要分派到東引（救國指揮部）。所有的同學既期待又緊張。當具有哲學碩士學位的同學（他平常很愛說故事，我們也很喜歡聽）抽到籤王，所有同學都歡呼鬆了一口氣（只能說人性真的是很自私），我轉眼看到那位哲學碩士一臉錯愕。但我相信，在經過東引的磨練後，他的人生一定更有收穫，也因此能成爲眞正的哲學家。

輪到我抽時，我十分緊張，當手指剛碰到第一支籤時，還沒拿起就立刻丟掉，換一支後拿出籤筒，但兩隻手不聽使喚，紙籤無法從吸管中抽出，最後還是隊長幫忙，一看2XX師，第一時間我鬆了一口氣，還好不是外島籤。但在請問隊長2XX師是什麼部隊後，隊長只說這個部隊很硬喔---是機械化師。

離開運校到新的單位報到，一開始是待在師部的幹訓班，這一梯學員全部是預官41期的同學，只是有不同的官科，如政戰、運輸（包括我共三位）、工兵，及醫官。原本滿心期待擔任

派車軍官的我，和另一位同學分別被派任到裝甲步兵營營部連勤務排擔任排長，剩下的一位同學則被分派到通信營擔任運輸官。我的天，人算不如天算，弄了半天還是要下到基層連隊帶兵當排長，沒法子只能順著路走。

在幹訓班的日子，認識許多新朋友（同期的預官），這對日後到各單位洽公時大有助益，都有同學可以哈拉解悶或提供協助。幹訓班的隊長，雖然一臉兇相，而且嘴上常放狠話：「順我者昌，逆我者亡。」但對我們這些預官卻是十分客氣，沒有狠操我們，是個面惡心善的人。很快的，下基層連隊的日子到了，原來大部隊之前因參加國慶閱兵典禮後放大假，收假時，營部文書兵到師部把我領回。在一個夜黑風高的晚上，我抵達了新單位，一個駐在山坡上樹林裡的部隊，走在黑影幢幢的山坡路上，風聲瑟瑟，映入眼簾的是昏暗的燈光和五六零年代的老舊營房，與師部嶄新的鋼筋水泥建築且明亮清爽的環境，大相逕庭，我心中暗暗叫苦，完了，這是什麼鬼地方……！

小貼士：軍中如同小型的社會，與人為善及廣結善緣很重要。對於不如意的事，不必太短視、太執著，只能坦然接受，塞翁失馬，焉知非福。

與預官41期同袍好友在M41上留影

九、值星官

一抵達連隊報到，看到我最開心的是中士排副，因爲紅色值星帶已經「縫」在他身上好一段時間（連上一共七個排兩個組，排長們不是外出支援演習，就是遇缺沒補或休假），我來接手，排副就可以休假了。連長了解我剛下部隊是個菜排，馬上指示先等等，讓X排見習一週再說。有一天晚上晚點名結束，一個令我訝異的場景出現在我眼前，一位上兵站在前面喊口令，一些比較菜的預士伏在地下做體能，（這是哪門子的部隊，開什麼玩笑，怎麼會反了呢？我心中吶喊著），有位老兵靠過來說，排ㄟ，要不是看你是一條槓，哼哼？（這是什麼情況？）原來部隊裡十分重視排資論輩，梯次就是一個標準，若有個梯次同時撥補好幾個兵到連上，這個梯次以後就會形成連上一股龐大的勢力。老兵欺負新兵，也常常在這樣的情況下發生。作爲新科菜排，當然不能視而不見，容許以下犯上，立刻請士官長叫士官集合帶到旁邊，由士官團自己訓練體能。

背值星的那一週，值星官是連上的靈魂人物，每天要起得比部隊早，睡得比部隊遲，隨時要掌控部隊人數、現況及按表操課，或採取行動達成長官交辦的任務。值星官同時也是最容易被長官修理的人。有一次背值星，營長要找某位弟兄，那位老兄竟然翹頭外出，全連緊急集合到處找人，由於他曾經多次因癲癇發作在營區內倒地抽搐，還好當時都有弟兄在旁，能及時送他去醫務所急救。所以，這次把他找回來後，雖然營長對我這個值星官並無處罰，只是念了一下，但「榔頭釘釘子，釘子釘木板。」作爲值星官的我，對這樣不自愛的弟兄，除在大部隊面前訓斥外，更要求他即時起，每小時要到安全士官桌前報到，並與安全士官在簽到簿上對簽，交辦下去直到晚上十點就寢爲止。

除了人員管理外，就是槍枝和刺刀等軍械的清點，每次清點一百多支槍和刺刀，都要確實一把一把摸過，確定都在才能算是平安過了一天（若一把刺刀不見，當時規定15分鐘內要報到國防部）。在下部隊一個多月後，當反裝甲排排長，及在裝甲兵學校受訓完的預官同學，陸續到連隊報到，我背值星的頻率才逐漸因排長人數多了而減少。

小貼士：軍中倫理要重視，但也要提防老兵霸凌，和不當管教。值星官對部隊中人員、武器和彈藥的掌握，必須要及時、確實和完整。

十、大門口衛兵司令

從保護軍事要塞的角度，每個營區都必須建立能夠立即反應或反制的基本武裝力量，以達到「外防突襲，內防突變」的目的。爲達到這個目的，大門口旁邊一般都會有衛兵排或警衛連防守，由於我所在的營區並沒有非常大（但走一內圈也要至少四十分鐘），我們只有十幾個人駐守。每次有車輛人員進出，哨長都會攔檢詢問，遇有長官車或是可疑人士接近，更是要遠遠地就要提前準備。有時，師部也會派人到營區來突襲檢查，看看是否有認眞執勤或動作熟練。最常見的操練指令是，有暴徒襲擾（要跳鎮暴操）、防空自衛戰鬥（立即架上五零機槍，瞄準敵機）、有毒氣（戴上防毒面具），及油庫失火（攜帶滅火器具跑到油庫）等，看衛兵排和衛兵司令要如何反應及處置。當哨長按下緊急鈴「噹」的一聲後，所有人必須立即放下手上工作，在一分鐘內完成著裝、取槍，帶著防毒面具，並到衛兵司令這裡領取彈夾後，衝到大門口集合。所以不論是在何時（包括休息睡覺），每個人都不能跑遠，保持警覺，耳朵要隨時拉長，注意有沒有緊急鈴聲響。這也造成我退伍後好一陣子，對鈴聲還是非常敏感。

待命班另一個任務是早上去升旗，天氣好時，只要指揮官在，他老兄都一定會參加。有段日子連續一個月內，天氣都是陰雨不斷，有天升旗時間快到了，突然雨停了，經請示戰情室長官是否要升旗，得到的答覆是：「你不會自己看啊！」想想，等一會兒雨又會繼續下，國旗會弄濕，於是我下命令今天不去升旗，沒想到慘事就此發生。只見指揮官往大門口直奔而來，看到我是預官排長，先是問我是不是阿兵哥不聽話，不去升旗，我回答：「報告指揮官，沒有，剛剛下雨。」在巡視一下內務一切正常後，指揮官劈頭就罵：「XXXX，哪裡有下雨，你沒聽過國旗在風雨中飄揚啊，叫你們連長來……我要辦你！你們每個人都寫五百字我愛國旗交給我。」之後看到連長匆匆跑來，由於我平時做事謹慎小心，連長問我說：「X排，怎麼回事？」在述說原委後，換營部作戰官來，看起來是他也因爲我們被指揮官飆（罵）了。在一陣數落後，開始了一連串的狀況處理，從大門口暴徒襲擾須跳鎮暴操應對、暴徒闖入營區四處流竄須追擊布陣、再跑到司令台前，來操練一趟刺槍術第一教習，之後三行四進到五百公尺障礙場，並跑一趟五百障礙，待命班每個的弟兄都被搞到人仰馬翻。自此之後，不論颱風下雨，沒有二話，待命班，使命必達，天天升旗，沒有一天例外。

小貼士：守大門或重要據點，絕對不能大意，寧可時時提高警覺多做，一點也不可自以為是，或散漫無紀律，否則造成的後果可能會很嚴重。

十一、排ㄟ，沒凍頭啊！

勤務排是連上最大排，共有四十幾位弟兄，作為勤務排排長，轄下管理調度士、糧秣士、經理士、彈藥士、油料士、伙房副排長，及六輛大軍卡，和兩輛油罐車。部隊每日的食衣住行，都要靠勤務排打理，在演習或真正戰爭時，還得要跟著戰鬥部隊到處跑，適時提供便當、被服、油料及彈藥。勤務排是戰鬥支援部隊，一方面要負責運補，另一方面又要會戰鬥。

由於押車外出從沒被憲兵記過違紀，也沒發生過任何事故，營長指定我為固定押車軍官（平時我沒空時，才由其他軍官擔任）。每日一早載著負責採買的士官到國軍副食站裝運副食，其他時候押車去師部或其他營區，領取料材、油料、糧秣和被服。

每次出車前，駕駛兵都會先拿香拜拜，祈求出入平安，而我也一定會做一級保養，檢查煞車、油量、輪胎（包括胎壓、表面，和上面的螺絲是否鎖緊），及燈光是否正常，之後也會和車子講講話，摸摸車頭，請車神保佑開車大吉。

有次出車運補，一切按照標準流程走，駕駛兵的狀況也一切正常，是一位很有書卷氣的弟兄。開到桃園外環道時，他突然右腳多次猛踩，並轉頭對我說：「排ㄟ，沒凍頭啊！」哎呀！

我的媽呀！車子還在動ㄟ，原來煞車油漏光了！腦中閃過是要跳車還是怎樣，學校沒有教過這個！沒時間思考，我馬上拿起運校發給的哨子（平常出車我一定會掛在脖子上），比手畫腳叫旁邊的摩托車騎士趕快讓開，駕駛兵也想辦法打入低速檔，並試著用手煞車與氣泵煞車，最後奇蹟似的，車子竟然慢慢停靠在路邊，我們兩個都鬆了一口氣，要不然兵會當不完，眞是祖上保佑，神明保佑！

退伍後，有一次看到兩噸半軍卡衝過人行道撞到行人的新聞，馬上祈禱不論是行人，或駕駛兵和車長，一切都安好，不要太嚴重。現在在路上，再也看不到當年二次世界大戰留下來有十個輪子和一個備胎的兩噸半了，而是嶄新且裝備優良的軍卡。

小貼士：在軍中，有些事不能太鐵齒，不信邪，一切要入境隨俗。出車前一定要檢查煞車、油量、輪胎及燈光。

十二、五項戰技

五項戰技是指打靶、5000公尺跑步、五百障礙，刺槍術，及手榴彈擲遠。打靶必須是在30秒內，打6發中6發才是滿靶，5000公尺跑步要24分鐘及格，五百障礙4分30秒及格，而手榴彈擲遠則是30公尺及格。仗著在學時喜歡健行及慢跑，加上打靶是有訣竅的，不是靠蠻力，5000公尺跑步和打靶這兩項，是我用來帶兵的強項。

聽體育官說，手榴彈擲遠至少要超過15公尺，才不會把自己炸死，對臂力不強的我，得用盡吃奶的力量，才勉強丟出30公尺及格，但我們的原住民弟兄，輕輕鬆鬆一扭腰轉身就丟出70幾公尺，足足是我的兩倍多。當另一位個頭較小的預官排長一丟只有12公尺時，全場的弟兄都笑翻了，體育官也只好再次爲我們解說和示範，手榴彈擲遠是有技巧的。

五百障礙項目是指，在特定時間內完成並通過高低槓、爬竿、板牆、高跳台、壕溝、獨木橋和低絆網等障礙，全程約五百公尺。由於每一關都有測試的點，而且要一氣呵成才能過關，所以若有任何一關卡關，就無法及格。書到用時方恨少，爬竿才知臂力差。當師部測驗官來實施測驗時，我死命爬竿過關，但到下一關板牆時，就沒有力氣翻過去，還好測驗官對於互助合作沒啥意見，輔導長（也是41期預官）眼看他也翻不過去，乾脆犧牲小我完成大我，通過一個算一個，用力推了我的屁股一把幫忙過關，眞是患難見眞情，自助才有人助。

除了五百障礙外，5000公尺跑步也是個累死人的項目，跑到最後上氣不接下氣，胃裡面的東西都快吐出來。爲了團體的榮譽，落隊的弟兄，會被其他兩位體力好的弟兄用S腰帶拖拉，甚至可說是被架著跑，一起抵達終點。

小貼士：體能平常要鍛鍊。下部隊如能有兩把刷子，帶起兵來比較順風順水。平時做人不能太差，落難時才會有貴人推一把。

十三、伙房兵

伙房是個特殊的地方，和總機及電台在長官的眼中，因爲大多時候不必和大部隊一起行動，總是被認爲是個容易藏汙納垢的地方。很不湊巧的是，伙房及伙房兵恰好都是歸我管。由於伙房的衛生及伙房兵的健康，攸關全連士官兵能否有戰鬥力，所以不能有任何吃壞肚子的風險。除了每日檢查環境、服裝和指甲是否乾淨外，伙房兵定期還要抽血檢查有無疾病。

伙房兵在民間大都有廚師的經驗。由於部隊人多，平時一餐約有百多人用餐，每次炒菜光是準備，洗菜（只是浸在大盆子裡用流水沖，沒空一葉一片的洗）、切菜都要忙半天，而且因爲鐵鍋特大，得用長把子的鏟子炒。一個不大的伙房裡，有四個大鍋，同時煮菜煮飯，很是忙碌，看到伙房兵忙進忙出，還得不時用水管沖洗檯面準備下一道菜，這種場景大概只有在部隊裡才看得到吧！

我們的營區是老房舍，沒有瓦斯只能用煤油燒火（還好不是燒木材），油沒了還得開軍卡去油庫搬，非常有野戰部隊的樣子。饅頭是每天早餐的主食，幸好有機器代勞，一次又一次重複輾壓著麵團，否則光是揉麵，就會累死人。

伙房旁邊是放麵粉的倉庫，由於是易燃品，且會有塵爆的可能，和彈藥庫一樣，牆上總是會掛著四個大字，「嚴禁煙火」。部隊講求整齊，同時也爲保持通風乾燥，所有麵粉都必須一袋一袋標齊對正，堆疊得整整齊齊。倉庫裡冬暖夏涼，是伙房兵最喜歡的地方，有時在外面到處找不到人，總是能在倉庫裡找到呼呼大睡的伙房兵。

每天一早押車從副食站採買回來，就是到伙房卸貨。通常前一天採買班長就要和伙房兵把菜單準備好，並向值星官確認明天的開伙人數，到副食站時才能精準又快速地採買。除了過年過節或特殊獎勵加菜外，平時每人每天印象中大概只有四十幾塊的副食費，最常吃到的，不是秋刀魚，就是空心菜。

伙房既然有吃的，伙房兵三不五時就會開點小伙，在大部隊休息後，自己弄些東西來吃。作爲勤務排長，看到他們平時頗爲辛苦，雖然不用出操上課，但全身常常被油煙弄得油膩膩，或者不小心燙到，只要不喝酒或幹壞事，有時也就睜隻眼閉隻眼算了！

小貼士：為維護部隊戰力，食品安全衛生要重視。因生活作息與大部隊不相同，伙房及伙房兵的管理，需多費點心力。

十四、什麼人？口令！

查哨是一件苦差事，因爲沒人喜歡晚上不能好好睡上一覺的感覺，且查完哨後白天大都會精神不濟，哈欠連連。一個晚上基本上可分成四個時段查哨。剛下部隊時，菜排預官常被拗去查凌晨兩點到四點最爛時段的哨。晚上查完哨，一早還得向營區最高長官報告查哨情形，隨便查回答不出來長官問的問題，還會被長官修理。由於所處營區有兩個單位，一個戰車營，一個裝甲步兵營，除查營房安全士官的哨點外，還要步行去查各重要哨點（如彈藥庫）和車場，一趟走下來，至少一個多小時。

由於就寢後燈火管制，查哨時常常在漆黑的環境中獨自一人行走，而營區內多是又高又茂密的樹，有時候一陣風吹來，鬼影幢幢好不嚇人，心中一直默禱請神明保佑，同時也告訴自己軍帽上有國徽不用怕。冬天下雨查哨更慘，還得一手撐著雨傘，一手拿者手電筒及查哨本，在泥濘的土地上行走。有次營區唯一的醫官（台大醫科的高材生）被拗去查哨，由於是他第一次查哨，同梯的我義氣相挺陪同，但醫官因對環境不熟，一不小心沒看清地上有個坑，踩到坑裡弄得褲管上沾得都是泥，還好之後說服長官營區不能一刻沒有醫官，出了事誰負責，醫官從此被豁免不必再去查哨了。

查哨時，有時看到衛兵正在打瞌睡，沒注意到我的到來，這時我都特別小心，絕不能嚇到衛兵，或大聲斥責，反而是提醒他注意安全，站衛哨不能大意，因爲衛兵很可能會因爲怕被處罰（如關禁閉），而對查哨官做出不理性的舉動（如拉槍機子彈上膛）。通常衛兵看到黑暗中有人走來會緊張，一定會大聲問是誰，這時查哨官一定要把今晚取得的口令（查哨前會告知），大聲唸出來，否則衛兵一時緊張，查哨官很可能當場就在那裡向這個世界說掰掰了！

原本我們只要花一個多小時走路查前營區，沒想到比我們前營區大好幾倍的後營區出了一件違反軍法軍紀的大事，上級要求我們除了查前營區外，還要坐吉普車一併查後營區。前後營區查下來，一趟都快三個小時了，三更半夜不睡覺，冒著颳風下雨天氣冷，搭乘吉普車在偌大的後營區樹林裡轉來轉去，這種經歷，眞是永生難忘。可憐的駕駛兵，不管颳風下雨天氣冷，一個晚上都只能睡在吉普車上，等到四個查哨官都查完哨，淸晨才能回去補眠。

有一次我白天背值星，晚上又輪到要查兩點到四點的哨，大部隊就寢後我忙到十二點多才睡，一點多又起床準備查哨，到快五點才拖著疲憊的身心回到連上，又要叫大部隊起床，展開新的一天，一個晚上幾乎都沒睡，還好當時只有二十出頭歲，經得起沒日沒夜的操，想想也眞的是對得起國家了！

小貼士：查哨時，每個哨點都要確實到和簽名，也要熟記口令，並且不要對打瞌睡的衛哨兵喝斥，避免被提槍點名。

十五、打靶

既然是在裝甲步兵營服役，打靶練習是免不了的。在三二九體能戰技比賽前，為萬一中籤作準備，大部隊拉到營區後方的靶場練習打靶。走在到靶場的路上，淒風苦雨中行軍答數，聽說指揮官會來督導，我有種不好的預感。由於我是排長站在排頭，剛好被排在第一波第一靶（印象中一波有六、七個靶位同時射擊），這時指揮官已經到了靶場觀看。聽到靶場指揮官高喊：「左線預備，右線預備，全線預備，（開保險），開始射擊！」30秒內要打完六發，我透過覘孔、準星，和標靶的中心點連成一條線後，屏住氣，用肩膀穩穩頂住槍托瞄準，扣下板機，連續打完六發。聽到靶場指揮官大喊：「停止射擊！」接著靶溝裡的弟兄會逐位報靶，第一靶……滿靶，第二靶……兩發，第三靶……脫靶，隨著越多波越多靶位報靶，指揮官的臉色越來越難看，等到通通打完，部隊集合計算打靶結果，全連只有我和另一位中士打滿靶，脫靶和一兩發的一大堆。沒意外，當著大部隊，指揮官氣沖沖對著連長大罵說：「你是怎麼訓練部隊的……」永遠忘不了那時的空氣，是凝結且靜止不動的，天上依然下著毛毛雨。回程上，指揮官給我們兩位打滿靶的獎勵是，65K2步槍交給別人背，但我心裡一點也高興不起來。

嚴格講，在當時的基層連隊，因爲兵員的撥補每每都拖很久（甚至有聽說要解編），但勤務不減反增，部隊正常訓練上課的時間受到壓縮，連長也很難嚴格要求落實，指揮官對射擊結果生氣也是正常的。結論是，沒有誰對誰錯，有時候在部隊生活，對於許多無奈的事情，也只能坦然接受。

小貼士：打靶時，靶場紀律是要嚴格要求的，否則很容易出包，除自己小心外，也要隨時注意別人的槍口有沒有在不經意中的轉向。

十六、支援政三科

在下部隊半年後，經歷了背值星、擔任大門口衛兵司令、押車採買、三二九體能戰技、高級裝備檢查等基層連隊的苦活，恰巧群部政戰處政三科的監察官外訓，政戰處處長大概看我的民間專長是法律，或許可以協助幫忙管理部隊的軍紀和軍法事務，所以下命令調我到群部支援代理監察官，借住在監察官的小房間，變成群部幕僚，不用再帶兵、押車，及查哨了。突然有種時來運轉的感覺，但也十分戒慎恐懼，不知道監察官這個職位到底是要做什麼。

後來看了一些過往的檔案才明白，除了要執行每日的例行事項（如安全回報）外，通常就是要協助處理士官兵逃亡、違紀（如暴行犯上）、車禍或自戕等突發事故。一方面要積極預防，另一方面要在事故發生後，迅速釐清楚事實，找出問題，並予以解決，或提出可行方案後，撰寫報告。

官士兵除了休假或洽公，一般情況是在營區內不能外出。若遭遇個人、家庭或軍中管教或霸凌問題，卻沒有辦法及時排解時，年輕的官士兵是有可能會因一時情緒而發生逃亡、吸毒或自戕的事件。此外，軍中有許多有值錢的國家財產，如軍品或大米麵粉等，若沒有控管好，也

會被不肖的官士兵趁機盜賣。因此，監察官平時對官士兵要進行軍紀教育，在事故發生時，也得盡快處理查明清楚，並向上級通報。

想要了解各連隊的問題人物，到連上詢問一下安全士官，大概都可以打聽得出來。由於我是預官排長，抱著探訪民情的熱情，有些有問題的士官兵，也會主動來尋求協助。有次有位士兵因家庭因素表現出悶悶不樂，有精神不穩定的傾向，經過訪談後，我建請連上長官暫時不要讓他站衛兵接觸槍械。但在基層部隊，裝病不出操出勤的水昆（混）兄，大有人在，導致連上幹部主觀上大都會假設生病是裝的，而有一套治理這些裝病弟兄的方法。在該日傍晚，當我和群部幕僚與醫官一起向指揮官例行回報今日部隊狀況時，才剛報告完這位弟兄的身心狀態不是很穩定，及採取不站衛兵的處置，窗外一陣吵雜聲喧囂而過，原來是該位弟兄吞藥自戕，被眾人抬去醫務室急救，醫官立馬趕回醫務室，在緊急救治後，將該位弟兄後送到五級醫院做進一步的醫治與照料。

小貼士：在部隊裡有發揮自己的民間專長的機會，要好好把握。要時時刻刻關心注意身旁弟兄的身心狀況，並提供及時的協助，避免造成不可挽回的傷害。

十七、借調軍法組

在群部政戰處三個月多後，一天接到師部命令，因爲軍法組書記官調訓三個月，而我的民間專長是法律，所以派我去軍法組支援，對剛剛熟悉政三業務的我，心中頗爲惆悵，又要走了！提著所有的個人裝備（包括棉被枕頭）搭乘軍車前往師部（一開始報到待在幹訓班的地方）。擔任師部幕僚，整個營舍及伙食都比基層連隊強太多了，軍法官們也都很客氣，做事認眞且正直，大都在外島前線待過，所以十分豪爽，聽說酒量也不錯。大家相處融洽，退伍時軍法官還贈送我一塊「軍法之友」的木牌子作爲紀念。

到軍法組最主要的工作，除了會辦公文、舉辦軍法教育外，就是陪同軍法官和軍事檢察官到XX看守所出庭，調查和審判因違反軍法的士官兵，擔任如同民間法院書記官的角色，做做筆錄，或陪同勘驗。常見到的案子，不外是車禍、暴行犯上或逃亡等，貪汙或自戕的案子有但少見。有位士兵被指摘，在執行勤務時，車子不小心撞到騎腳踏車的老人家，造成老人家摔倒往生，在那個監視器不普及的年代，遇到車禍案件，常常因無法舉證而吃悶虧，經歷此案後，以後只要看到道路旁有老人家在騎腳踏車，我都盡量閃遠一點，以免造成不必要的困擾。

暴行犯上，在部隊內是禁忌也是大事。如果想要平安順利退伍，絕對不能辱罵或以暴力對待上級長官（即使是班長），否則軍法嚴峻，不容寬待！軍法也是部隊能維持軍紀，和命令能下達及執行的重要支柱。

有件車禍意外造成一位士兵往生，由於過程有點離奇，也是我人生第一次近距離見到往生者（因爲要相驗），讓我十分震撼和難忘。有位駕駛兵，將軍卡停好在斜坡上，只有將手煞車拉起來，但後輪沒有墊木塊卡住，他走到車後（應該是想取物），在沒有任何人爲因素造成的情況下，車子竟然自己向後滑動，由於後面也有台軍卡，駕駛兵閃避不及就被夾在兩車之中，軍卡又高又重，夾擊後造成該名士兵當場氣胸身亡，來不急施救，一條年輕的生命，就這樣逝去。難過的是，當名法醫楊日松醫師、師部衛生營醫官、軍事檢察官和我到達三總相驗時，該名士兵的母親也到了，是一位樸實的中年婦女，一看到該名士兵的遺容，一個心碎母親的哭喊聲，劃破小小冰櫃室的死寂，那個情境和聲音在我的腦中繚繞，三十多年後，仍恍如昨日，無法忘懷！

小貼士：在部隊服役，首重安全，對於各種輪型和履帶車輛，都要保有敬畏之心，不要站在車前或車後。如果一定要站在車前指揮，必須保持安全距離。

十八、下屏東師對抗

在軍法組支援完三個月，歸建回到群部時，部隊正爲準備開拔到屏東參加師對抗忙得不可開交，除了作戰單位須要有詳盡的計畫外，政戰處也積極準備參演。師部憲兵連也派駐一個班陪同參演，協助維持軍紀。擔任代理監察官的我，被指派擔任軍紀糾察隊副隊長，協助指揮官和政戰處長管理部隊軍紀。

當輪型和履帶式車輛準備在火車站上鐵皮時，看到資深的士官指揮車輛並仔細地固定繩索，表現得非常專業且有經驗，畢竟每個鐵皮上的大傢伙都是好幾噸，上下鐵皮行進間，都要非常小心。來到屏東，南台灣的最大縣，各式車輛有如脫韁野馬，在鄉野或城鎮間穿梭。半個月內，有時睡新式營區，有時睡廟旁，有時睡野外，在吃睡不正常情況下，體重馬上減了兩三公斤。兩粗三細官階的一級士官長，運籌帷幄演習中部隊的後勤支援，也很經驗老到的爲每餐提供大蒜，因爲南部天氣熱，在野外吃便當很容易吃壞肚子。在北部上鐵皮時，天氣還又濕又冷，一到屏東，天氣炎熱，由於是養豬大縣，常看到蒼蠅滿天飛舞，眞是兩個完全不同的世界。

在師對抗期間，我們是藍軍，直到演習結束我都沒有看到紅軍，只是跟著部隊坐車跑來跑去，和憲兵在紮營地到處巡視，查看有無違反軍紀的事件發生（如使用違禁品）。

到了師對抗尾聲，師部參四科突然來個電話紀錄，要我農曆年後到駕訓隊報到，擔任駕訓隊區隊長（因爲我是運輸官科），管理北部陸軍部隊新兵駕駛（總共帶了兩梯學生三個月，一梯學習開兩噸半大卡車，另一梯學習開悍馬車），指揮官一聽到這個消息，脫口就罵道：「是哪個王XX把你簽走了?!」但軍命難違，也不得不放人，對我來說，能受到指揮官的看重和肯定，是件很開心的事！

小貼士：演習視同作戰，在師對抗的過程，要注重許多細節，尤其是武器裝備的運輸，安全第一。

十九、區隊長好！

駕訓隊位在林口交流道附近一個五六零年代建立的老舊營區，左右邊還有一些陸軍連隊和憲兵單位。聽說早年這個營區曾有一萬多名士官兵，將近一個師的兵力駐守，但在我分派到這裡時，一半的營區早已經廢棄多年，沒有駕訓隊的學生時，整個營區空蕩蕩。讓我大開眼界的是，這個營區的洗手間，看起來很老式，而且內裝十分簡單，雖然部分有用水泥磁磚鋪設，但不知是爲了節儉，還是當年的流行，裡面每間廁所只有半身高，木頭門，蹲下時才剛好遮住頭，一排好幾間，前面的弟兄若是沒帶衛生紙，還可以伸手向後面的弟兄拿。令人十分作噁的事是，下面的糞溝，也是一條龍，當從第一間放水沖時，前面人的遺留物會從你的正下方經過，有時還會停止不動！害得我每次想上大號時，都得忍到公差班剛打掃完，因爲那個時候最乾淨。現在開車經過林口附近，部隊和營區早已不見，看到的是一棟接著一棟嶄新漂亮的高樓大廈。變成新市鎮後，再也看不出來一點兒當年的樣子。

每天早上早點名和用餐完，我就帶領著將近十輛兩噸半的大軍卡，浩浩蕩蕩開過高速公路上方的陸橋，到林口長庚醫院附近的空地練習。指導開車和之後的測驗，都是由助教駕駛兵來主導，區隊長主要負責生活管理，及外出時的紀律。當隊長、副隊長，及輔導長都休假時，區隊長就是隊上最高階的長官。學生們看到我，都會畢恭畢敬地大喊，「區隊長好！」真是老虎不在家，猴子當大王。

每天晚上吃完飯到就寢前的時間，是這些新兵的夢靨---練體能，伏地挺身起跳就是一百下，由於大軍卡的方向盤很重（這個我在運校領教過），操練駕駛兵的臂力，對他們日後是有好處的，但每次我都會不忍心，站在旁邊注意，避免因操練過頭發生意外。

林口是塊台地，土壤含鐵質多，是紅色的黏土，黏在軍鞋上，不是很好洗，加上冬季霧氣重，常常伸手不見五指，十分潮濕，教練車都必須經常清洗保養，避免輪胎髒污，和鐵皮生鏽。

小貼士：在部隊中，體能的訓練是必要的，不合理的要求是磨練。平時人員的訓練，及武器、裝備和車輛的保養，都十分重要，養兵千日，用在一時。

二十、要退伍的人最大

在駕訓隊帶完兩梯學生，我的軍旅生涯也接近尾聲，歸建到群部時，只剩下一個月左右就要退伍了。這時戰車營也準備下基地訓練，看到部隊機動時，通往外面道路的山坡上，遍布閃爍的紅色煞車燈，很是壯觀。我留守群部，沒有再跟著部隊東奔西跑。此時指揮官交代我一個任務，他看我在軍中一年十個多月的軍旅生涯多采多姿，從基層連隊，到群部政戰處，再到師部軍法單位，和駕訓隊，希望我能整理一下軍中內外法令規章，配合實務帶兵經驗，擬定一個本戰鬥群的士官兵獎懲標準辦法。我也不辱使命，在草擬完徵詢相關連營級長官意見後，於退伍時呈交指揮官參閱施行。

在軍中，義務役的官士兵有個傳統，剩不到一年就退伍的那一天叫「破冬」，剩不到一百天就退伍的那一天叫「破百」，太早起算到退伍還有幾天沒有什麼意思。擔任大門口衛兵司令時，我還有五百多天，苦悶時抬頭看著天空，不知道何時才能退伍。之後陸續輾轉調單位，每天都面臨不同挑戰，也就沒時間再去多想，直到「破冬」後才開始倒數。「破冬」後日子過得越來越快，「破百」後就很接近退伍了。許多人深信，越接近退伍，八字就越輕，不要輕易出

車，或從事高風險的活動，要韜光養晦，要明哲保身，才能平安退伍。

我排上的駕駛兵，在剩下不到一個月就退伍時，只在營區內晃蕩，不再出車，改由離退伍還很久的人來駕駛。由於他之前出車十分沉穩，也沒出過什麼事，爲尊重這個傳統，讓他能平安退伍，連上幹部通常也不會特別要求，除非在眞的沒人手的時候又有緊急任務時，才會破例。

> 小貼士：退伍前的日子，心境會改變，整個人也會放得比較輕鬆，注意力會下降，反而需要特別小心留意，才能平安順利退伍。

結語

回顧服兵役的日子，平時除了完成前述各種訓練及任務，提高有形戰力外，部隊更重視無形精神戰力的提升。從早期的一年準備、二年反攻，三年掃蕩，五年成功的口號，到我這一代服兵役時，奉行三民主義、服從政府領導，保衛國家安全，完成統一大業的口號，代表了時代和主政者政策的改變，官士兵的精神指標也因而改變。但不論怎麼變，一個有戰力的部隊，一定要有明確崇高的理想和目標，作爲官士兵願爲其犧牲奉獻個人生命的原動力。

在軍隊學到的精神答數，雄壯、威武、嚴肅、剛直、安靜、堅強、確實、速決、沉著、忍耐、積極、勇敢，在我人生後來的歲月中，也發揮了作用。尤其是在美國攻讀碩士，及準備考紐約州律師執照苦悶的時候，常常反覆思索，及細細咀嚼精神答數的內涵，每每答數完，心中油然升起一股信念，要努力發揮這十二項精神，攻克艱難的目標。這或許也是服兵役帶給我意想不到的收穫。

不論每個人對服兵役的看法如何，是浪費時間生命或是保家衛國，對我而言，服兵役是人生中的一個重要過程。在其中體會各種心靈上和體力上的酸、甜、苦、辣，就如同唐僧西天取經，歷經九九八十一難後，一開始從佛陀取得佛經時，佛經的內容是空白的，這也就是說，重點不在於你去服兵役會得到了什麼，或失去了什麼，而是在這個過程中，你學到了什麼，或改變了什麼，或者是在你的這一生中，是否曾有機會爲這個國家、這片土地，及芸芸衆生付出或貢獻過了什麼。

退伍十多年後，重回故地，山坡上樹林裡的部隊，早已不在，建築物也都拆光了，只剩下荒煙漫草，野狗成群，大門口的精神標語依稀可見，曾經的一切，都已成爲過往雲煙，只存在自己和我這一代人的回憶中。

貳、出國留學篇

前言

翻開近代史，自從滿凊中葉以來，西風東漸，跟隨傳教士來的，不僅是信仰的傳播，同時也是在工業革命後，資本家的貿易擴張、軍事上的船堅砲利，和政治上的殖民統治。近百多年來，國家社稷風雨飄搖，人民前往海外不論是爲了尋求更好的生活，或是求取救亡圖存的治國良方，出國求生存或留學的人，所在多有。官方更是有計畫地派出小留學生赴美深造。

從歷史資料來看，百多年前在美的海外華人，除了從事貿易外，多數僑民以開餐館、製衣、洗衣，或修築鐵路維生，化己身爲腐土，在新大陸孕育下一代，生活過得十分辛苦。到了1994年我出國留學時，新台幣兌換美元匯率，來到26比1，相較1981年第一次隨學校管絃樂團出國時的40比1，升值了許多。出國留學生的學科，由於早期國家著重各項建設，多以有理工科系背景的留學生爲主流，到我出國時，讀法或商出國的留學生也逐漸增加，這或許也反映了台灣經濟蓬勃發展，許多外商在台投資，及民主法治觀念逐漸在台灣社會生根成熟。

印象中，在九零年代後，前往美國以外大英國協國家（如英國、澳洲、加拿大或紐西蘭）

讀書的留學生，人數日益增加。但不論去哪裡留學，學習的目的是爲了改變，擴展自己的視野和人生經驗，提升自己的外語能力，以及強化專業方面的競爭力。這個時期的留學生，在台灣經濟高度發展，政治上解嚴後日趨民主，多數還是回到國內發展，留在國外的當然還是有，只是比起早年台灣的留學生，或大陸的留學生，相對還是少很多。

基本上，能夠出國留學是幸運的，除了要感謝家裡的全力支持（也有些人是拿公費，或申請助學貸款），要非常感謝大學老師，爲出國留學申請做推薦，更感謝美國老師對我們這些外國學生的鼓勵與包容，當然自己的契而不捨，努力堅持，才是能順利如期取得學位的關鍵。

爲協助早日申請到學校、適應在海外留學的日子，及順利完成學業，每章結尾提供給年輕學子一段小貼士（Tips）。返國雖已近三十年，但克服人性弱點，挑戰極限，是每個出國留學的年輕人，必須面對的課題。

一、是否適合出國留學？

要評估自己是否適合出國留學，首先要看自己的語言能力，其次，是對不同文化的接受和包容程度，再來就是之前在學校的在學成績是否可以申請到不錯的（至少是有聽過的）大學。還有最重要的，財力是否可以支撐到完成學位。若是有一兩項目前無法做到，就得考慮是否延緩出國留學，待條件比較成熟時，或有一些工作經驗後，知道自己所學不足，或確定未來發展方向時，再出國留學也不遲。貿然出國留學，除了有可能浪費時間和金錢外，也可能無法達到自己的目標，鎩羽而歸。

以我自己為例，除了在高中聯考時英文考試成績曾經有接近滿分外，之後英語能力一路下滑，聽說讀寫都荒廢了許久，平常也沒有看英文小說，或者聽英文歌曲的習慣。大三時，有次同學拿了一本英美契約法給我看，吼！好厚的一本原文書，翻開第一頁，一行有好多個字都看不懂，就算看懂了，也不知道在說什麼。頓時覺得還是待在國內好好發展，別不自量力，自討苦吃！先去當兵，把欠國家的先還完吧！至於以後是出國留學、報考國家考試，或是國內研究所，再從長計議！當目標無法一步到位時，還是一步一步走，逐步踏實，乖乖地先準備即將到

來的預官考試。出國留學的計畫，只能先緩一緩了！

小貼士：要靜下心來誠實面對及評估自己現在是否有出國留學的條件，並且擬定計畫，逐步踏實，千萬不可急躁。

二、服兵役

服兵役，誠如在先前服兵役篇中所敘述，是個很難得，且在短時間內促使自我成長，及增加適應能力的一段重要過程。

服兵役是憲法上所有男子的義務，在過去的歷史上，義務役服兵役期間的長短曾有過三年（陸一特）、兩年、一年，到近幾年的四個月和轉服替代役的不同。由於服兵役還是有可能會遭遇風險，且行動自由受到限制，在精神上也有不小的壓力，對於部分役男而言，如有計畫繼續升學、考試，或出國的計畫，這些因素一定會造成某種程度上的不願意或干擾。於是，在限制役男出國的規定下，有些男同學在國小畢業，或者國一讀完時，就會隨父母或者依親轉學到國外念書，我有幾個好同學就因此再也沒有見過面。大學畢業時，也會有同學因為某些原因無法當兵，但這都是每個人的人生，大家順著自己的道路走！

隨著年紀的增長，才知道利弊是相隨，福禍是相依的。服兵役固然會占掉人生最精華的年輕歲月，就某個程度而言，也是個不錯的經驗和回憶。雖然兩岸關係幾十年來詭譎多變，但有機會能為曾經養育保護自己的國家社會盡一份心力，日後內心也比較不會因未曾報效國家社會而感到遺憾！

小貼士：利弊是相隨，福禍是相依的。態度決定高度，用比較高的層次，轉念看待服兵役這件事，對提升自我的心靈境界，及服務大我，是有助益的。

三、考托福

要申請美國的學校，在當時不同的科系有要求要符合一定分數的GRE, GMAT或TOEFL，以作爲英文程度的佐證。由於計畫出國留學人數衆多，ＸＸ補習班幾乎是每個出國的學生必須朝聖之地。相關的考試用書、錄音帶，及講義也都大發利市。舉辦TOEFL測驗的機構也是樂不可支，每場下來都有成百上千的考生，考試費用也不便宜。程度好，且運氣好的學子，也許考一次就可以達到580分或600分以上。程度欠佳，或者遇到比較難的考題，就得繼續加油，下次再來。

所有的考試都一樣，有需求就一定都會有相對應的補習班，爲考生準備考古題，聘請老師準備模擬試題，解說題型和解題技巧，及不斷的重複演練。有些老師明明就是美國頂尖大學留學回國的，不去跨國大企業上班，卻喜歡到留學補習班來教書，這是我當時百思不解的。但後來自己到大公司工作後才明瞭，讀書或教書，雖然也很辛苦，但相較於複雜的企業職場還是單純得多，再說，如果是補習班的王牌老師，收入也不會比公司當高階主管差！

在時間緊迫下，考TOEFL閱讀測驗時，補習班老師有一套自我研發的答題技巧，也就是每段文字先看首二句，再看看有無特殊符號，及最後的一句結尾的敍述，配合問題選項的問法，大概就可以猜出來這一段文章的主要意思，和該選擇的答案是什麼，這套技巧在考試時間內來不及寫完，有時還滿管用的。

其實，學好英文，首先要克服心理障礙，心理要想美語也是人講的話，沒有那麼難，也沒什麼了不起，要把英文當成自己的一部分，融爲一體，自然而然就可以表達，不需事先想好麼說。美式發音、字彙、句型，和習慣用語（俚語或成語），一定是要加強學習。最好的方式就是，把電視上字幕機打開，將一段英文新聞錄下來，把不會的單字查清楚，反覆聽看，最後再把字幕機關掉重聽，當這一集都沒有任何聽不懂時，再錄下一段新聞。如此下來，一個月後，功力就會大增了！在美國，若是你的英文說得不流利，卽使滿腹經綸，也會容易被認爲很笨，教育程度不好！一般老美在對話時，是不會有太多時間等你或猜你說什麼。

小貼士：學好英文，首先要克服心理障礙，心理要想美語也是人講的話，沒有那麼難，也沒什麼了不起。要把英文當成自己的一部分，融為一體，自然而然就可以表達，不需事先想好麼說。

四、申請學校

申請學校是一門大學問，在有限的資源（昂貴的申請費，煩請老師寫推薦信，及費時費力塡寫申請表格和自傳）下，要找到適合自己的學校，且爭取到寶貴的入學機會，實在也不能亂槍打鳥，得愼選，再愼選。

美國的學校很多，要評估自己的實力（改變不了的在校成績和課外活動經歷），及TOEFL的分數（還可以努力）。若實力是普通一般，長春藤學校其實也不必浪費勞力、時間和費用申請。除了學校的名聲外，專長領域、師資，及地點也是要好好考慮的。所申請的學校要有自己想要念的科目，而且要有好老師指導，出國留學才能值回票價。

學校地點是十分重要的，因爲美國非常大，東西南北氣候大不相同，尤其是冬天，若是申請到北部或東北部的大學，怕冷的，保證冬天被凍得ㄍㄞ ㄍㄞ叫，下雪天出入不方便，忍不住的，難保不會逃回溫暖的台灣。

美國好的大學，學區附近治安多數並不太好。出國留學是爲了求知和求取學位，若是申請到治安不好城市的學校，來日方長，小命要緊，實在不必太冒險，若眞的要去，就要特別小心。我所就讀的學校，雖然不是長春藤大學的名校，當時排名約四、五十名左右，學校附近治安也不是很好。我申請住在學校的宿舍（門口有保全），深夜讀書時，有時會聽到校園周圍不遠處有此起彼落的槍聲，及之後呼嘯而過的警笛聲。有一次更誇張，週六打算到費城華埠採買，在捷運入口處階梯旁，看到一顆圓頭的短小金屬物在地上，這時距退伍才一年多的我，靠著在服兵役時的經驗，辨識出是顆未擊發的手槍子彈，左顧右盼了一下，立即快速離開是非之地。平時，因爲功課繁重，長時間泡在圖書館念書，當每天讀完書要從圖書館要回宿舍時，雖然只有走路五分鐘的路程，還是要提高警覺，眼觀四面，耳聽八方，判斷四周是否安全，有無可疑人物，再趕緊快步跑回去。校園內和外出安全也是校方人員不斷提醒我們這些外國學生最應該注意的事項。

小貼士：出國留學是為了求取知識及學位，若是申請到治安不好城市的學校，來日方長，小命要緊，實在不必太冒險，若真的要去，就要特別小心自身安全。

五、語言學校

就讀語言學校是我進入法學院前的必要條件，即，提早適應環境、熟悉語言，和接觸美國文化，而其他學生來自世界各地（有日本、瑞典、俄羅斯等），大多來美國遊學，或學習語言。學校依據測驗後的程度分班，安排有校內課程（如研讀小說，上台報告心得），及校外參訪（如長木公園，大西洋城，及紐約雙子星大樓、自由女神像，艾利斯島、並搭船在哈德遜河上參觀兩邊河岸風景），一方面增加語言能力，一方面則到處遊玩，深入了解美國的生活。

美國東岸上自麻州、紐約州、康乃狄克州、賓州、德拉瓦州、華盛頓特區，馬里蘭州，下至維吉尼亞州，這些都是早期英國移民初次到訪的地方（北美十三殖民地），自然環境優美，文化氣息濃厚，有許多歷史古蹟，如同我的家鄉台南，是我最喜歡的區域。當巴士在這些地區穿梭，常常看到筆直壯觀的大道，兩旁種有高大的針葉樹，大城市裡高樓林立，車水馬龍，人們都自由自在，充滿朝氣。心中常想，難怪這個年輕國家是世界強國（在法學院研讀美國憲法後，更是欽羨美國先進的法制），這麼多人想移民來此。據史料記載，清朝軍機大臣李鴻章先生，及前中國國家主席鄧小平先生也都曾到過美國參訪，相信在他們的心中多少也會有些震撼與感觸吧！

讀語言學校時，透過台灣同學會的介紹，認識了一位當地華僑X女士，並向他轉租了一個房間（原先是他兒子承租的），一棟具有百年歷史的建築物，與其他當地大學學生分租。X女士和他的先生都是台灣來的留學生，赴美多年，一個在中學教書，一個開電腦公司，對我們這些台灣來的學生很是熱情，逢年過節也有請我到他們家（一間很美很大的二層樓洋房）吃飯，位在非常漂亮的社區，附近鄰居還有人養馬，這個讓初到美國的我，大開眼界，也見識到美國夢的實現！

當我的親人從華盛頓特區開車送我到租屋處後離開剩下我一個人時，我的心中十分惆悵，一切都得開始自己面對了！首先要解決吃的和日用品，放下行李，背起背包，41期預官退伍受過軍事訓練的我，鼓起勇氣出門探險，還好聽說這個社區治安還可以，附近到處逛逛，熟悉環境，經過教堂、韓國人開的雜貨店，及掛有美國大學生兄弟會旗幟的樓房，周圍花木扶疏，一切都是那麼美好及新奇！

小貼士：剛到新環境要放開心胸，像海綿一樣，多學習多吸收，並要膽大心細，探索附近環境，盡快融入適應周遭的人事物。

六、法學院開學

終於開學了，完成兩個月語言學校的課程，進入法學院，開始了我沒日沒夜與圖書館爲伍的日子。要取得LL.M學位，至少必須完成24個學分，分上下兩學期。學校規定，我們這個碩士專班，只能有限地選擇法學院爲JD學位所開的課（如憲法、契約法），畢竟這個碩士課程是爲已經有法學位的外國學生開的，不過能有機會與老美同學一起上課，已經很開心，既期待又興奮。

爲了能順利如期取得學位，上學期我和老美學生一樣，選修了五科，沒考慮自己的英文程度，之後想想眞是不自量力。一開始上課，至少有三科每週的課後作業（Homework），都是要看至少幾十頁到百多頁的教科書，讀完教授指定的案例（美國是Common Law英美法系，由衆多案例歸納導出形成規範），否則下次上課會跟不上老師的進度。而且，美國老師上課時會問問題，看同學們的課堂表現。相信對美國文化有點了解的人（不管看電視，或聽說）都知道，美國學生和亞洲學生不同，美國學生對老師的問題都勇於舉手發言，就算學生提問的問題太簡單，也沒有人會覺得不好意思，大課堂每次老師問問題都有一半以上的同學舉手。輸人不輸陣，我也暗暗下決定，在開學一個月後，為給美國老師對我這個留學生有好印象，我也一定要舉手問問題，而且每堂課我都坐在第一排老師正前方，拉長耳朵用力聽，恨不得把老師講的話全部聽懂，塞進腦袋裡。但英文能力的提升畢竟是無法一蹴可及！在發問完，老師有聽懂我的問題，可是當他回答，或再問我問題時，我就傻眼了。我想完蛋了，話都聽不懂了該怎麼辦，還有將近一年的時間要度過ㄟ！

美國學生很有意思，喜歡反戴棒球帽，也不管彼此認不認識，想到問題時就會開口問。在剛進法學院的第二週，一天在公共閱覽室看書，正在苦K查單字時，坐在對面兩腳翹在桌面上的一位美國女同學突然問我，"Do you have any tissue?" 我一時緊張沒聽懂，猜猜大概是問我要東西，趕緊拿起字典查單字，並回答她，那位小姐瞪大了眼睛看著我說，「It must be very hard for you to study in laws.」，哎呀！眞是糗死了，希望地上有個洞可以鑽進去。之後我更加努力，除了在圖書館找有格子的位子看書外（不再受到莫名干擾），回到宿舍也花時間看電視（美國電視有個好處，可以選擇銀幕上有顯示英文字幕）和查單字，加強聽力和字彙量。

那位女同學大概也沒想到，她不經意的一句話，間接促使一位外國留學生，除在未來一年內努力用功拿到LL.M學位外，畢業二年後也通過了紐約州律師考試。這也印證了預官41期醫官曾經對我說的，人的潛力是無限的，千萬不要劃地自限，小看自己！

天普大學法學院正門

小貼士：Mind your own Business! 專注在自己的學業上，不要管別人的眼光，再辛苦，功課一定要做完。人的潛力是無限的，千萬不要劃地自限，小看自己！

七、外國留學生

我們這一班有二十幾個同學，除我和另一位同學來自台灣外，其他同學有來自德國、日本、澳洲、泰國、西班牙、阿根廷、印度、以色列，及納米比亞。大多數有法官或律師的背景，年紀有大有小，光是泰國同學就有好幾個。由於同住在學校宿舍（Cooney Hall），我與泰國學生最常往來。泰國人十分虔誠和善，見面問候時雙手都會合十，念一句「撒哇低咖」，也喜歡在房間內煮飯，不過常常味道很重。Cooney Hall是一棟三層樓，長形像迴廊似的建築，中間是個院子，花木扶疏，綠地盎然，很幽靜的感覺（後來聽說拆掉了原址蓋了大樓，因爲有太多學生要住宿），但因爲是木造的，隔音不是很好。有次火警的警鈴大作，起因於有人煮晚餐，油煙太大觸動了警鈴，害得大家都急忙跑到中庭，有的抱著筆電，有的穿睡衣，這時你才會看到是何方神聖住在這裡。

剛搬進宿舍幾週後，有次經過一間房門前，聽到有人說國語的聲音，由於當時生活周遭的朋友都是老外，我十分開心地跑去敲門並自我介紹，也因此認識了兩位台灣來的學姊，其中一位攻讀博士的學姐，在得知我深受無明及愚痴的困擾，送了我一本佛經（內有普門品、心經及金剛經）和佛號錄音帶，及應鳳凰女士寫的「取經的理由」一文。神奇的是，在每天讀佛經和聽佛樂後，心中的煩惱竟逐日減輕，也比較可以定下心來好好念書，不再終日惶惶不安，胡思亂想。

外國學生剛到美國時，通常因爲遠離家鄉、環境陌生、語言和文化障礙，加上功課跟不上，其實壓力是頗大的。有位教授是從非英語國家來的，在美已經多年，由於他曾經也是留學生，所以十分了解我們這群初來乍到美國的外國留學生處境。他以「Cry a lot, Stand up, and Move on.」這三句話鼓勵我們，也就是，一開始或許會因爲受不了新環境的壓力而哭泣，但不要被環境打敗，要趕快站起來，並抓緊時間努力向前行。是的，坐在地上耍賴不起來是沒有用的。在這個人生地不熟，語言又不通的地方，一定要更加倍努力才能存活下來，提升自己的各項能力去適應環境，才是唯一的活路！

我的室友是我班上的德國學生，喜歡運動，來美主修運動法，這倒是個新鮮的領域，我從來沒有聽過，住在一起將近一年，看到他留美的生活多采多姿，很是羨慕，不像我總是戰戰兢兢泡在圖書館。由於同學們老是看到我在圖書館用功，有次我和圖書館的保全人員（是由一位大陸重點大學ＸＸ大學來念博士的老哥兼職），聊到佛法和人生的話題久了一點，另一位德國同學就開玩笑老遠地對我大喊「T, You shall not talk, you shall study, T always studies.」，

Cooney Hall庭院中心留影

雖然來自不同國家，同學們的感情是相當融洽的！

小貼士：以「Cry a lot, Stand up, and Move on.」作為自己突破困境的動力！

八、大家都一樣

外國學生因爲母國的教育和文化，對英文使用的流利度，也各不相同。剛入學時和泰國同學一起到大教室與老美學生上課，老師在台上講得口沫橫飛，與老美學生互動熱烈，尤其有個老師特別喜歡講美國笑話，當我聽不懂他講的笑話時，只能一臉尷尬地對著他傻笑。下課後與泰國同學見面時，每個人都面面相覷，其中一位年長的泰國同學兩手一攤說「Nothing」，一堂課下來一句話都沒聽懂，其他泰國同學都表示有同樣情形，而我這的情況也好不到哪裡去。大夥兒不遠千里而來，投入高成本豈能血本無歸!?由於大家的英文都菜菜的，所以我們也從未一起討論功課，因爲不確定彼此對案例的解讀是否正確，還是各憑本事，自己想辦法弄懂。爲了能迅速正確的了解美國法律，我還特地從台灣帶來留美XXX教授寫的「美國聯邦憲法論」，及請人將XX出版社出的法律英文辭典帶來，與教科書一併參考使用，頗有幫助。

眼見每個案例事實內容都很長且頁數超多，想要短時間看完十分不易，於是和泰國同學一起前往法學院書店，找找看有沒有輔助工具。聽說有案例摘要（Case Brief），將每個案例都整理得很完整且簡要，不論是對老美學生，或是我們這些語言程度較差的學生，眞是一大福音！

至於德國、西班牙或澳洲的同學，由於語系相近或相同，讀起教課書又快又精準，相對就輕鬆許多。

每個留學生的心中，或多或少都有思鄉的情緒。在美的日子，我的一顆心也大都掛在台灣的新聞和親友的近況。前述那位年長的泰國同學，隻身前來美國讀書，老婆孩子都留在泰國。他每天都被思念之苦折磨（當時年輕單身的我還無法體會），一到學期結束，立刻飛回泰國。放春假時，又把老婆孩子都接來美國一起住，眞是個好丈夫和好爸爸！

小貼士：廣結善緣，和其他外國學生多交流，大家都會面臨同樣的問題，可以互通有無，打團體戰，勝過一個人單打獨鬥，及獨自摸索。

九、大陸學霸

在到美國留學以前，我從沒有機會見過大陸人，對大陸的印象還停留書本上的民國初年，或者是國民黨政府播遷來台後對民衆教育有關大陸的情形。第一次認識大陸同學是在宿舍裡，一位北X大學畢業的高材生，及一位南X大學畢業的年輕姑娘，兩位都長得十分斯文清秀。在大陸，能考上重點大學的，是萬中選一，都是所在省分學生中的佼佼者。透過他們的介紹，之後又認識了人X大學畢業的小女生（聽說18歲就大學畢業，GRE滿分），他們都領有獎學金，在攻讀碩士學位的同時，擔任系上助教。據北X大學的同學說，美國大學生讀的一些東西，他們早在高中就讀過了（也不知道大陸學生的程度是否眞得這麼厲害）。

除了聰明外，這位大陸同學也非常能吃苦耐勞，有些老美淘汰的用品（還不夠格成爲二手拍賣的物品），他也很怡然自得地再加以利用（細節我就不詳述了），對我這個從台灣來在軍公教家庭長大的小孩，實在很難想像還要這樣做，因爲在我的成長過程中，受到父母言教身教的影響，家中生活原本已是很節儉，衣服及用品都會重複使用，但相較之下，他比我還克難還能吃苦。想想我們這一代，比大陸同輩人多享有的，是六零年代到八零年代台灣經濟起飛後，

社會逐漸富裕的物質，和許多發展自我的機會。如今回想，我們這一代十分地幸運！

90年代前後赴美留學的大陸留學生，畢業後大多選擇留在美國，一方面是89年民運才過不久，另一方面，美國在1992年通過法案，讓在美的大陸學生可以合法長期居留在美國。對美國來說，這個政策順理成章網羅這批優秀人才，留在美國爲美國貢獻所學。

在思想上，由於過去幾十年兩岸的隔閡，政治、經濟、社會上不同的發展，彼此想法當然不會相同，但是能有機會和大陸同學溝通，學習和了解一些教科書上沒有讀過的知識，也是出國留學難得的收穫。在1995年碩士學位完成返回台灣後，我特地實際走訪大陸一趟，到北京和天津遊玩，了解大陸發展的現況。由於我是第一次參訪，對北京的很多事物的感覺都是大（馬路、城牆、廣場，和碗盤），十分震撼，印象中整個大陸都是個大工地，但空氣品質不是很好（燒煤炭的、吸菸的、飄揚的塵土與汽車的廢氣）。五年後我抽空去上海和蘇州杭州參訪，十年後再次重遊北京和上海，看到大環境和硬體建設進步之快，令人咋舌！

小貼士：試著用無分別心（Color Blind），對待所遇到來自不同地方的人，並抱著學習欣賞的態度，廣結善緣，三人行必有我師！

十、費城華埠

費城華埠，也就是費城的中國城，雖然沒有紐約的中國城那麼大，但也有座百年歷史的漂亮牌樓。第一次到這裡時，看到熟悉的東方面孔，感到十分親切，有種回家的感覺。放眼看去，有中藥鋪（還有老中醫坐堂）、中國餐館、茶樓，販賣中文報紙和華人食品的雜貨店，及寺廟等。很可惜的是，因爲我不會講廣東話，和這裡的華僑也無法用普通話溝通，給老中醫看病時，彼此除了猜對方講的話是什麼意思以外，有時候還得用筆交談。

在費城念書的日子，每個禮拜六下午，我都會固定到費城華埠採買華人的食品，除了一解鄉愁外，也是爲下一個星期的伙食做準備，如買米、麵條、罐頭、青菜，及一些調味品（如醬油）。肉類和雞腿，則會到附近的洋人超市買，比較多樣且處理過。美國的罐裝牛奶新鮮又便宜，想學洋人多喝牛奶、吃乳酪，和吐司，卻是喝了以後拼命拉肚子。華人的飲食習慣，和老美基本上是差滿多的。記得讀語言學校時，與老外學生分租一棟三層樓的百年老房子（由於每年都有保養，加上美國空氣比較乾燥，木造房屋經過保養不容易腐朽），有個白人學生把一顆大頭菜切掉大部分，只剩下菜心，沾了醬就吃，看在我眼裡，怎麼這麼浪費，但也十分好奇，

這樣的吃法會好吃嗎？

買材料回宿舍自己煮，一方面可以省一點，另一方面，也吃得比較習慣，但得努力回想以前住在家裡時，父母通常是煮什麼，和怎麼煮，再依樣畫葫蘆嘗試做做看。大多時候，因爲功課繁忙沒時間煮，只能買一條99分的土司，吃一個星期配花生醬當早餐，其他午晚餐，多是用台灣進口的麵條配肉醬或自己滷的雞腿，再加上有蛋花、蘑菇、番茄，和大白菜的一鍋清湯，簡單打發，捨不得到外面餐廳或餐車買。有次受邀到台灣同學家吃晚飯，桌上是一鍋滿滿的火鍋料理，有豬肉片和海鮮，看到這麼豐盛的一餐，有種久旱逢甘霖的感覺，我想我看起來一定像很久沒有飽餐一頓的飢民。

小貼士：出國留學就是要擴大視野，累積自己的能量。離鄉背井，必須學習精打細算、獨立生活和照顧自己，及和不同文化背景的人相處，彼此尊重各自的生活習慣和價值觀！

有百年以上歷史的費城華埠牌樓

十一、普門寺

普門寺在中國城裡，雖然沒有很顯眼的門面，但寺裡乾淨寬敞。講經的法師是XX山的XX法師（他也是留學生）。由於在異鄉求學，功課壓力大，心情苦悶又無法自我調適時，都會到普門寺走走，拜拜佛，看看佛書，以求放鬆心情。

在普門寺隨緣贈送的書中，有一本由淨空法師著作的「認識佛教」。內容淸楚且詳盡地介紹佛教是一門教育，而非宗教，深深地吸引著我。當時網路及衛星電視尚未普及，中央時報還有海外版，這是我最期待的精神食糧，很想知道最近國內發生了什麼大事。聖嚴法師曾在副刊發表了一篇「慈悲與智慧」的文章，內容帶給我許多正確且正向的觀念。淨空法師和聖嚴法師這兩位大師的文章和著作，帶領了一個從小參加基督教教會唱詩班，而且大學就讀天主教學校的我，遁入了佛法，深深影響了我往後的一生。

在普門寺，有次看到一位華人婦女，十分虔誠地五體投地不斷跪拜，似乎心中有許多痛苦，懇請佛菩薩慈悲救苦救難，這對於才剛接觸佛法的我，看了印象十分深刻。當聽到XX法師說法，提到吃素和培養慈悲心不殺生，我心中升起了一個疑問，植物也有生命，是否也不可以剝奪其生命？法師答道，衆生可分爲有情和無情，當有一天，你能感受到植物的七情六慾時，你就可以慈心連植物也不吃。我心想，要達到這個境界，恐怕沒有那麼簡單吧！不過，到美國半年後，因爲受到環境及心境上的巨大改變，我也開始嘗試吃全素，培養慈悲心，並且一心向佛。

小貼士：學習壯大自己的心理素質，提升自我的心靈層次，遇到人生問題，可以藉由與己投緣的宗教，尋找答案或指引方向，及加強挫折的忍受力！

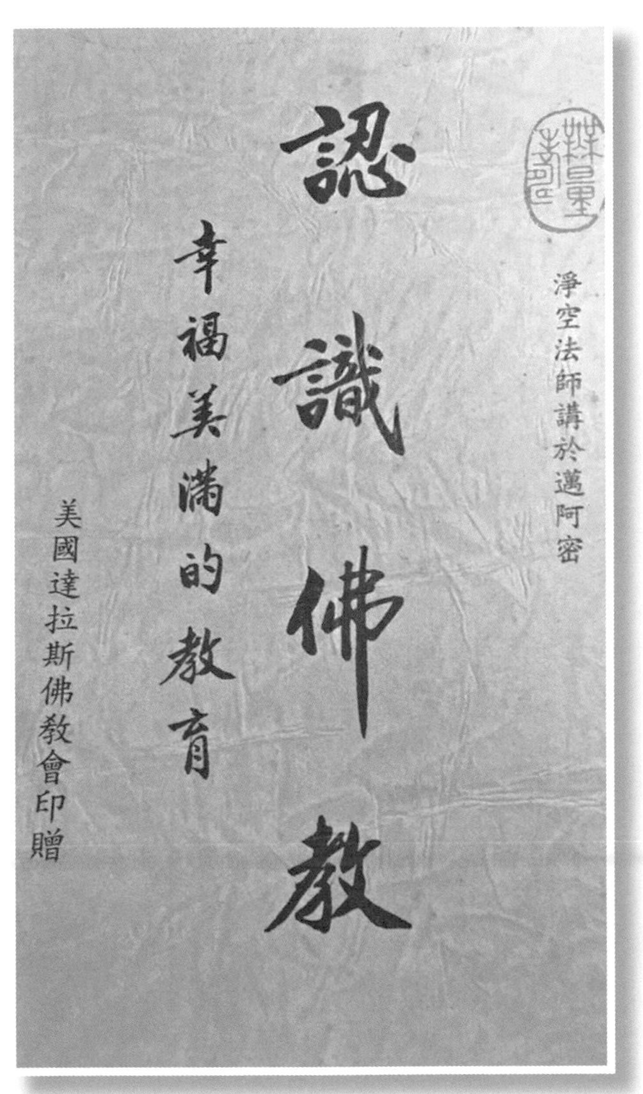

淨空法師：「佛教是一門教育，而非宗教。」

十二、紐約遊

離台赴美前，曾與一起雅房分租的樓友（一位美國人B小姐，和一位留美返國的S小姐）分享我收到美國費城學校入學許可的喜悅。他們兩位都已在台灣工作數年，在我出國前一年，邊工作邊準備考TOEFL申請學校時，大家有時會一起聊天、去算命，或是到我的故鄉台南玩。在我赴美讀書後，一天，S小姐來信通知，聖誕節前幾天，她將和她台灣的Shopping女性友人們，飛往紐約找好姊妹J小姐一同去長島的Mall血拚，邀我到紐約見面。紐約是全球數一數二的國際化大都市，之前在語言學校時，曾經和學校到紐約玩過一次。法學院開學後這幾個月，每天沒日沒夜的讀書，現在終於有機會出去玩，有地方住加上又有熟人帶路，真是棒呆了。

上學期期末考完隔日，我一早立刻趕去中國城灰狗巴士車站，搭上最近一班開往紐約的班車，好奇且貪婪地欣賞沿途風景。兩個多小時後，過了林肯隧道就進入紐約市了。依照S小姐信中指示，自己摸索著搭地鐵和轉公車，到了紐約皇后區聖約翰大學附近，映入眼簾的是一棟棟長得一模一樣，外表看起來有粉刷整理過新新的，進到屋內卻是有些老舊的透天厝。這些透天厝通常都有地下室（又稱土庫，有獨立進出口，可單獨出租），及小小的前後院。

J小姐也是台灣來的，在美多年，她所分租的房子也是一對台灣夫妻包租的（二房東）。在國外，人不親土親，不管以前是否認識，只要是台灣來的，彼此都會很親切，若是聊起來有共同的朋友或背景（同學校等），更是熱絡。通常只要有好朋友介紹，縱使彼此不認識，還是可以自帶睡袋借宿一晚，不但省掉昂貴的旅館錢，有時還可叨擾一頓，這個時候才明白什麼叫做四海之內皆兄弟，什麼叫做在家靠父母，出外靠朋友，在海外的台灣人，將互助精神發揮到極致！

J小姐另外介紹她的男朋友（一位老外）和一位已經在紐約工作的台灣留學生C先生（是位大帥哥）給我，這時加上S小姐和她帶來的台灣Shopping團，我們已經組成一個共有十人左右的小團體。因爲治安因素，在美國，晚上通常我都不出門，但現在人多膽子大，一行人浩浩蕩蕩搭乘地鐵到紐約第五大道上逛街，又走路去洛克斐洛中心參觀，及到某條街上都是印度餐廳的地方吃飯。在聖誕節的前夕，街景和每個櫥窗都布置得漂漂亮亮，聖誕氣息濃厚，加上高樓大廈林立五光十色，在這優美的環境中，眞是令人陶醉，幾乎全忘了先前幾個月K書的壓力及孤寂的感受。

皇后區因緣殊勝的小屋

小貼士：平時與朋友交，必須誠心誠意，有時會在意想不到的時候或地點再次相遇，給自己的人生增添色彩！在家靠父母，出外靠朋友！

十三、金色冒險號

金色冒險號（Golden Venture）是一艘貨輪，在1993年時載運286名華人偷渡客從福州開出，在紐約外海擱淺，逃避檢查時有十人不幸溺斃。此事件震驚美國社會，自此對海上偷渡也更加強管制。聽說當移民局官員上船查緝時，在漁獲中看到有疑似人的眼睛在眨眼，才發現這些偷渡客。

當我在法學院就讀時，移民法的教授是曾在老布希政府擔任移民官員的T教授，擁有哈佛學歷的優秀華裔第二代，常爲少數族裔發聲。

由於一個禮拜只有一堂兩小時的課，每次T教授指定給我們的功課，至少有一百頁，回家研究案例，了解美國移民法在歷史上的演進（早期也曾有排華法案），和由各種案例中建立起的移民規範。

除了室內課程外，T教授也安排了一次讓我難忘的校外參訪。此時，那批金色冒險號的非法移民，部分人已被關押在賓州約克郡（York County）監獄一段時日，T教授帶著我和其他自願參加的同學，搭乘校車花了兩個多小時前往監獄探訪他們，並做交流。當走進美國電影裡才看得到的美式監獄，將近一百位的男性非法移民魚貫走到會面場所時，同行的一位美國女同學，似乎有點受到驚嚇往我這裡靠，畢竟在美國社會，一次看到這麼多陌生華人的機會還是少有，我和她說不用怕，我也是華人，她則說我看起來比較面善（不知這是否是和多讀兩天書有關）。由於我是唯一的華人學生，所以在語言溝通上並無障礙，聽了他們的故事，只能說為了追尋更好的生活，他們已付出巨大的代價。由於相關訴訟已在進行，而且當地華僑也爲他們提供必要的援助，我們這群法學院學生，能爲他們做的，就十分有限。

後來聽說這些非法移民，將近一半被驅逐出境，少數取得簽證、政治庇護，或在假釋中繼續爭取居留美國，這事件眞是上世紀末華人移民美國史上的悲劇。這個案例也讓我更了解到，每個國家的執政者都必須想辦法使自己的國家富強，讓人民能安居樂業，才可避免掉類似慘劇的發生。套一句周星馳電影的台詞，「有權力者如果眞的英明神武，使得國泰民安，鬼才願意當乞丐（或流浪海外）」。

小貼士：為了追尋更好的生活，每個人都會付出各種代價。但必須評估是否值得冒生命危險，和牢獄之災。留得青山在，不怕沒柴燒！

十四、維州行

在我赴美念書後不久，美國人B小姐也結束了他在台灣多年學中文，及教英文的生活，回到了家鄉，維吉尼亞州的小鎮，與父母同住。有時候，你在台北街頭可以看到許多金髮碧眼的外國人士，他們有的是跨國公司的高階經理人、美國政府駐台的官員、騎著腳踏車到處傳教的摩門教傳教士（Missioner），也有非常融入台北人生活的在台留學生，和美語老師。B小姐就是後者，是位可以戴著安全帽騎著150cc.機車在台北市大街小巷跑，也會好奇地跟著我們去算命的美國人。千萬不要以爲所有的「阿兜仔」都不懂中文或中華文化，其實我常遇到中文程度極佳，也十分熱愛中華文化（包含功夫）的美國友人，他們認眞的學習態度是令人十分佩服的。

有次B小姐和S小姐到台南我的家鄉玩，作爲地主的我，盡可能介紹台南當地古蹟（如赤崁樓、安平古堡，孔子廟，及億載金城等）和各種小吃。等到我到美國讀書時，由於賓州費城離維吉尼亞州沒有說非常遠，中間只隔了一個馬里蘭州，都是東岸早期英國人開墾經營的地區（北美十三殖民地），B小姐與我約好，等我放春假的時候，我搭Amtrak前去里奇蒙（維吉尼亞州的首府），再由她開車接我到他父母家。若不是和B小姐在台灣就熟識，一般美國人是不會輕易邀請外人到家裡作客的。

接下來B小姐安排的行程，除了參觀維吉尼亞大學，及維吉尼亞海岸美麗風景外，大多數的時候，是參觀當年英國殖民北美洲的歷史古蹟，增加了我對美國歷史的認識，例如Jamestown，美國開國三傑之一湯姆遜．傑佛遜（Thomas Jefferson）的故居——Monticello，及Columbia Williamsburg等地。看到許多美國小學生在老師的帶領下，參觀傑佛遜的故居，並介紹他的生平和豐功偉業，看得出來美國人是非常重視歷史教育。我們去的這些地方，充滿了英國文化與風情，尤其是Columbia Williamsburg，裡面的人男男女女都穿著傳統英國服飾，梳著當時的髮型，並提供傳統的餐飲給我們這些觀光客享用，對我這個東方來的小夥子而言，若沒有當地人的帶路，自己應該是不會找到這麼古色古香的地方。在踏上返回費城的歸途前，感謝B小姐一家人熱情的招待，春假也就這樣結束了。

小貼士：要學好一樣東西，必須要投入十分的熱情和能量，並持續地專注。平時要廣結善緣！讀萬卷書，也要行萬里路。

17~18世紀人們在維州首府的打扮

十五、終於畢業了

有謂「萬事起頭難，頭三腳難踢」，在每天不斷地查單字和作筆記，好不容易撐過最辛苦的前三個月，不認識的單字越來越少，上課也比較進入狀況。由於考試是用Open Book的方式，在充分了解每個Case及分析後，爲了避免忘記，我都會盡快整理成筆記，方便日後考試時查詢，畢竟每本教科書都厚厚一大本，考試時臨時翻英文書，一定會手忙腳亂找不到答案。

成功通過上學期同時選讀五科的考驗後，下學期我選了四科，其中有一科要寫研究報告，雖然不算論文但也要有模有樣，學習選研究題目、找資料，及如何撰寫和編排。這可有點難了，因爲用中文寫都不容易了，何況是要用英文寫。由於法學院就在圖書館中，所以要找資料很方便，但找到相關資料後還要過濾是否有參考性。想來想去找一個自己比較有把握的主題，就選定「契約法上同意瑕疵的構成在成文法上與非成文法上的比較」當成研究的方向。

經過了上學期的積極努力和通過考試，下學期的考試已不再對我們這些亞洲留學生造成恐懼和壓力，大家都已經知道準備考試的訣竅。在摸索中找到方法後，泰國同學和我都比較有自信可以完成學業，也可放鬆心情享受一下異國的生活與文化。每週六下午（上午還是在圖書館看書），除固定到中國城採買外，我也會抽空到歷史古蹟獨立廳（Independent Hall）附近遊玩，買買紀念品，和逛逛商店，或到河邊看風景，享受難得的輕鬆時光及和風吹拂。看到復古馬車載人四處參觀，心裡也很想坐坐，但不便宜（一趟十幾分鐘或半個小時就要幾十元美金），留學生沒有賺錢，想想還是省一點吧！

週日時，爲保持身體健康，我都會抽空到操場運動和練習太極拳及太極杖，放鬆筋骨。有次在操場練習太極拳（退伍後住台北時學過）和跆拳（大學時學過）時，有個老外遠遠跑過來叫我Bruce Lee，我連忙搖搖手說No！No！還差得遠了，只能向他簡單介紹一下太極拳。這時我才知道，李小龍在洋人的心目中，還是佔有相當分量的。

終於，到了畢業典禮的日子，穿著碩士服，戴著方帽子到台上領取畢業證書，心中很是興奮，並想著，這個洋罪總算是受完了，可以回家了，再也不要遠渡重洋花重金（學費一萬多美金，房租每月375美金，及生活書籍費等）自討苦吃。這張文憑以後可拿來管教小孩，要他努力用功，知道他駑鈍的老爸都可以勤能補拙，出國留學完成碩士學位。

出國留學，不論環境或結果如何，最終還是要能平安回家。學到能克服內心七情六慾的過程，才是最重要的。經過這段時日的磨練，不知不覺中已爲下一階段人生打下了基礎。

小貼士：有志者事竟成！事在人為，不要輕言放棄，被自己和環境打敗！保持身心平衡及健康，十分重要！

十六、考律師

好不容易完成學業，擺脫受洋罪的惡夢後，得思考下一步該何去何從，是直接就業？參加國家考試？還是要一圓大學時當中醫師的夢？經過家人的同意，我去了一趟北京和天津參訪中醫學校（先前在美國時已有聯絡）。但實際參訪後深感自己不是學醫的料（怕針又怕血）。回來後左思右想，也不知道哪根筋不對，做了一個赴美準備考紐約州律師的決定（因為外國人只要在美法學院修習25個學分，就有資格可以報考紐約州律師）。決定了就做，劍及履及，這是屬猴我的本性，立刻聯絡先前紐約遊認識的C先生（那位大帥哥），跟他說明我再次赴美的計畫，並和他商量是否可以到紐約時先住他家，C先生豪爽地答應！抵達紐約後，他開著一台車燈會像眼睛睜開閉上很酷的跑車到機場接我到他家。

隔日一早，我馬上去買份「世界日報」，這是一份當時在美發行量頗大的華人報紙，查查皇后區這附近有沒有房子要出租。看到一個租屋廣告，月租金250元美金，哇塞！這麼便宜（在這地區算是），趕緊拿去給C先生看，他一看到這個地址說，這個地址很眼熟ㄟ！打電話去，是一位操國語口音小姐接的電話，在詢問一下後，確認是我去年十二月去紐約玩時的那一棟透天厝，而且要出租的房間正是上次我睡的那一間，不會吧！哪有這麼巧！C先生立刻開車帶我去看，果然是之前住過的，只是二房東不一樣了，換了一對也是台灣來的夫妻，之後我順利搬進去，並向C先生告別，感謝他在異鄉對一位僅有數面之緣的小老弟伸出援手。

由於房間老舊窄小無法在家念書，我知道附近有間聖約翰大學，聽說校內還有間經國學院，是國民黨早年有捐助過的。於是，我前去法學院向警衛詢問，是否可以讓我在這裡自修。警衛領我到圖書館主任那裡，我向他說明我剛從T大學法學院畢業取得LL.M學位，想在他們這裡看書準備紐約律師考試，不知道可不可以，沒想到那位老兄也是很爽快地就答應了，這次到紐約遇到許多貴人。

在搞定好吃、住和讀書的地方，我馬不停蹄搭車及地鐵到曼哈頓時報廣場附近，找到了準備考紐約州律師最有名的補習班（沒錯！老美也有考照補習班）報名，開始了我通車往返補習班的日子。除了學校和補習班外，在紐約準備律師考試的生活是十分單調及苦悶的，還好二房東夫妻倆對我很照顧，像自己的大哥大姐一樣。

有了LL.M苦讀成功的經驗，我想考紐約律師應該沒問題吧！乖乖！除了考六科聯邦法外，還有十幾科的紐約州法，裡面絕大多數內容都沒有讀過，尤其是那一些英美法才特有觀念的科目（如不動產法，信託等），光看字面還不知道法律上意思是什麼，想想這次真的完了，踢到好大的一塊鐵板，沒退路了！只得耐著性子一步一步從查單字開始，又要重新開始受洋罪，想後悔也來不及了！

小貼士：一飲一啄，莫非前定，遇事莫慌張，積極面對，逆向思考！山窮水盡疑無路，柳暗花明又一村。

十七、紐約的冬天

美國東岸到了冬天，一定會下雪，這對我這個台灣南部土生土長的亞熱帶小孩，很是新鮮，看到雪花片片地落下，和滿地靄靄的白雪，煞是漂亮，心中莫名激動。但新鮮感沒幾天，當白雪融化變髒，或者結冰時，才是惡夢的開始，一點都沒有美感，而且還容易滑倒受傷，走路都得十分小心。

到紐約時，已經是十月中下旬了，逐漸進入冬天，還好我有準備一件台灣買的羽絨大衣，它陪我在費城時度過了寒冷的冬天，相信這次一定也可以。雪花可以分爲濕雪和乾雪，要看含水量，濕雪可以拿來做成雪球打雪仗。有時連續下個幾天大雪，路上及路邊車上都是積雪，政府的鏟雪車來回穿梭，不斷將主要道路上的雪鏟走，並灑上粗鹽（使冰點降低），避免融雪結冰，造成車輛打滑。鏟到路邊的雪，堆積起來比我身高一米八五的人還高。家家戶戶若是要開車出門，還得先把門前車道的雪自己先剷除乾淨。鏟雪是一件很累人的事，心臟不好的，千萬別輕易嘗試！

每天從租屋處走到聖約翰大學法學院，大概要花二十幾分鐘，穿著皮靴，戴著手套，穿著連帽羽絨大衣，牛仔褲，一步一步往前邁進。有時心中會想著何苦來哉，離家千里受此洋罪，但想到小時候曾經讀過英國納爾遜將軍的故事，就告訴自己不能輕易放棄。到校途中有一家Dunkin' Donuts，我都會停下來喝一杯熱巧克力，並吃上一個巧克力甜甜圈，當作早餐，再繼續前行。

有幾天雪下得很大（當時是1996年初，據說這場雪是紐約百年難得一件的大雪），我想考試快到了，總不能一直待在家鬼混，於是背上書包，穿上標準服裝配備出門，走到法學院大樓入口，警衛看到我叫了一聲I can't believe it!，大概是講我這個傢伙腦子有病吧，雪下這麼大，還走路到學校來。其實，爲了避免凍傷或意外，天寒地凍盡量還是待在家中，有暖氣保護，只是當時的我，憑著一股拚勁，破釜沉舟，豁出去了！

補習班在皇后區也有分部，所以不必每次上課跑去曼哈頓，反正是看錄影帶，只是得要搭乘藍白相間的紐約市公車，在雪地裡行駛。有時等車時間長，在戶外待久了，也會凍得受不了，在沒退路時，只能鼓起勇氣面對惡劣的環境！

讀書考試遇到瓶頸時，我常想起讀大學時有位老師曾說，要學一樣東西，就要把命交給它，而幫我寫推薦信的法律研究所所長在我出國前也曾叮嚀我，出國後不論多麼辛苦，功課一定要做完。雖然這都是快三十年前的往事，我依然記得老師們的教誨，他們不僅是學養豐富的

窗外被靄靄白雪覆蓋的景象

經師，也是令學生敬佩的人師！

小貼士：吃苦當作吃補！但也要注意安全。不論多麼辛苦，功課一定要做完。梅花雪中開，學問苦中來！

十八、寶寶快餐店

寶寶快餐店（BoBo Express）是由一對華人夫妻開的中式快餐店。W老闆很優秀，是位從台灣來美取得電腦雙碩士的留學生，太太則是紐約當地長大的華僑，他們一共有四個小朋友。據W老闆說，他們曾經開過大餐館，也開過林肯牌的大轎車，但後來因爲廚師異動的關係，才改開快餐店。由於離聖約翰大學很近，我每天都一定會到他們店裡吃飯，而且固定吃Chicken Broccoli（雞片炒綠花椰菜）及蛋花湯，其他的餐點，因爲都已在地化，配合老美的口味，變得酸酸甜甜油油的（這在美國的中餐館很常見，入境隨俗），我不是吃得很習慣。

由於我和W老闆都來自於台灣，我們很關心台灣每天的新聞（尤其是那時候剛好發生第三次台海危機），也常聊到佛法，無所不聊（也有提到在加拿大用神通能力助人建醫院的馮馮居士）。有次老闆開車送外賣，我也跟著去，送完後他順便開車載我去拜訪東初禪寺，一個由聖嚴法師所成立，並以東初老人名號命名的道場，一了我的心願。剛到東初禪寺時從外面看，一點都不像寺廟，還有灰色的鐵門，所在的區域好像也不是挺好的，但這完全不會影響我們求道的心。這也是佛法所強調的，「凡所有相，皆是虛妄！」不要執著表相，重點是你的心是否清淨，是否修得一心不亂。

W老闆夫妻對我很好，過中國新年時快餐店提早打烊，還特地邀請我與他們和廚師一起吃年夜飯，令我這個在異國他鄉的遊子，心中十分感動。此次到紐約準備律師考試，過程中遇到許多好人及貴人。

等我完成律師考試離開紐約一年後，W老闆打電話跟我說他已經在一家美國數一數二的科技公司找到工作，回去當上班族了，不再送外賣，原來的快餐店也已經轉賣掉，我爲他轉換環境，脫離油膩吵雜的小快餐店，重回自己的專業領域，感到無比地高興。這也讓我深感人生就是這麼無常，你永遠不會知道明天會發生什麼事，每天都要提醒自己要活在當下，當一個堅強的生命鬥士，永不放棄自己。

2013年我因爲工作的關係，又再次重遊紐約時，景色依舊，但人事早已不再，W老闆的電話號碼也換成別人的，從此失聯，不過這段人生際遇仍舊深深地印記在我的腦海裡，永生難忘。

小貼士：人生無常，你永遠不會知道明天會發生什麼事，每天都要提醒自己要活在當下，當一個堅強的生命鬥士，堅苦卓絕，永不放棄自己。

充滿溫馨及感恩的寶寶快餐店

十九、北國的蟄伏

1996年一共考了兩次（二月及七月各一次）紐約律師考試都沒有通過，檢討結果應該是閱讀速度不夠快（英文程度還是不夠好），及讀得不夠熟。紐約律師考試一共考兩整天，第一天考聯邦法，上下午各考三小時，實例選擇題各100題，六科題目混合出，平均一題須在1.8分鐘作答，要看完案例，並選出最適合的答案。第二天考紐約州法，上午考實例選擇題50題，十幾科混合出，下午考實例題寫作，共5大題。若英文程度不夠好，會寫不出來或詞不達意。

爲了加強英文能力及提升程度，經家人支助，報名參加加拿大S大學推廣教育所辦的高等翻譯課程，爲期約八個多月，一個禮拜上課五天，除了週二及週四固定爲校外實地參訪（Field Trip），由每位同學做逐步翻譯外，其他三天則爲參訪前預習，及參訪後檢討（翻譯時有錄影），練習中英文對翻，也有請當地加拿大老師幫我們上課，教導寫英文報告寫作。加拿大溫哥華是個美麗的城市，卑詩省擁有豐富的資源及大自然美景，在此期間，我也遊玩了許多地方，擴大了眼界。

同學們來自兩岸三地，有北京、香港，及台灣來的，成長背景及人生經驗都大不相同，年

紀從18歲到50歲都有，小班制，共十五個同學。老師們有來自台灣翻譯本科系畢業的，和當地華僑，及加拿大人，師資優良。同學們每天朝夕相處，感情融洽，自高中以後，再也沒有過這樣的機會。有兩位同學還因此結爲連理，眞是有緣千里來相會。畢業後，大家各自回到自己的工作崗位，日後若有機會到香港或北京時，或者他們來台灣，同學們都會見面聚聚。

這個課程最精彩的特點是，參訪加拿大卑詩省重要的政府機關、歷史古蹟、著名大公司、會計師事務所、郵局、銀行、醫院、皇家騎警、股票交易所、博物館、酪農場、鋸木廠等將近50個機構場所，深入了解英美文化的內涵，學習相關的用語用詞，就提升我對整體英文環境的熟悉度，有很大的幫助！

在上課的同時，我也持續準備紐約律師考試（參加錄音函授課程），雙管齊下，最終目的就是要通過紐約律師考試，取得證照！

> 小貼士：設定目標後，就要勇往直前，運用手邊可利用的資源，評估自己的弱點後，努力改進，終會日起有功！

二十、放榜

準備考試（尤其是長時間準備大考），心中的苦悶及所受的壓力是外人所無法體會的。尤其是在異國的考試，每次考試還得坐飛機赴美，並在考場附近訂旅館，所費不貲。由於是非居民，我必須飛到紐約州的首府阿爾巴尼（Albany）在那裡參加律師考試。這個地方非常空曠，有個著名的蛋形建築物（The Egg），是行政中心。考試當天在考場，沒有半個認識的人（前一次考試在這裡還會遇到費城同校的學妹），靜靜地躲在考場角落做考前複習，並吃著不知道是什麼東西的中餐。這樣連續過了兩天。看到那些穿著印有哈佛或耶魯校名長袖T shirt的老美，在考場和朋友們聊天，一派輕鬆的樣子，對比緊張嚴肅的我，眞是天差地遠。

考完後回家等待放榜日子的到來。一天電話響起，原來是W老闆從紐約打來，他聽到客人聖約翰大學的學生說律師考試已經放榜了，特地打來關心我考上了沒有。我立即打開電腦上網查詢榜單，一排又一排的英文姓名，終於快到我名字附近時，我心裡向神明祈禱著，希望過去三年多的付出，能有所收穫。當我看到我的名字出現時（只有英文名），我想應該不會有人和我同名同姓吧！在確認是我後，我叫醒了家人，分享這個喜訊，當下眞是喜極而泣，過去三年多不知硬吞下了多少生冷的英文單字，在雪地裡走過多少路，及忍受多少孤寂和挫折，如今這一切都值得了！我也立刻打電話向W老闆報喜，他也爲我十分高興，並說我這一階段受的磨難也差不多夠了！

放榜後下一步就是要準備申請成爲律師的相關認證和註冊，塡寫文件，及找推薦人。經過美國紐約州相關司法機構核可後，我在1998年1月特地坐飛機到紐約州的首府阿爾巴尼（Albany）參加宣誓典禮，正式成爲紐約州律師。當然，我也再次和二房東見面，及到BoBo Express去拜訪W老闆，感謝他們在我人生最低潮時，伸出溫暖的雙手。

小貼士：能忍受孤獨的人才會成功！出國讀書考試機會十分難得，絕對不可受其他事或人的影響而分心，需專注在完成目標的努力上。

結語

出國留學是否一定好？見仁見智，喝過洋墨水的，外文也不見得比從未出國的強，主要還是看每個人所下的功夫。但以自己短淺的留學經驗來看，出國留學拓展了我的眼界，激發出未知的潛能，在無數的拼音文字中，讀出字裡行間所表達闡述的道理，進而了解異國的文化。這種傳譯能力在希望能如期完成學業，載譽歸國的壓力下，被激勵發揮得淋漓盡致。

出國留學，一定要學會獨立，面對生活上的各種挑戰，要自己想辦法解決，如想辦法自己看懂地圖、路標，和搭上大衆運輸系統（公車或捷運），若自己開車另外要注意交流道出口，及美國人超快的車速。因爲在國外大家的生活都不容易，別人的協助只能救急，不能長期麻煩他人。尤其是讀書考試這檔子事，一定得靠自己，別人是無法代勞的。

最後是耐得住孤寂和壓力，這是出國念書最常碰到的問題，畢竟要和老外打成一片並不容易，加上功課繁重，及語言問題（無法像使用母語一般流利及自在），很容易遇到挫折，內心須要有強大的挫折忍受力，及不服輸的毅力，才能如期取得學位，順利返國，進入人生下一個階段。

出國留學不是每個人都適合，必須衡量過許多因素，一但決定，就必須咬著牙撐過所有的難關。每個留學生都有自己的奮鬥故事，但不論最後結果如何（成功達到目的或鎩羽而歸），都是我們人生的一個重要過程，希望留下來的記憶都是美好的。但這個世上沒有人是完美的，也沒有完美的人生，只能說盡力活好每一個當下，也就沒有遺憾了！

參、工作職場篇

前言

有位在商場上叱吒風雲的前輩曾說：「要不斷地創造自己被利用的價值。」其實更精確一點的說，想要得到高薪資報酬或受到高層重用，必須不斷地學習、充實和改變自己，提升自己各方面的能力、視野與格局，也就是創造自己在職場被利用的價值，即一般所謂的競爭力。

在外商工作時，曾有句笑話，「外商給的錢多，但錢多買藥吃。」拿高薪的代價，其實也就是一個人要做到二至三個人的工作量，或負更大的責任（跨國或跨領域管理）。在外商工作，雖然在短時間有機會可以發揮自我，爬升到比較高的職位，但有些同事，因爲時常加班，飲食不正常，加上壓力大，未到中年身體就病痛一堆，或者是因此家庭生活無法兼顧。在新聞上有時可以看到，美國大企業的CEO（執行長），年薪動則千萬美元以上，十分令人稱羨，但在金融海嘯發生時，卻被別人戲稱爲「肥貓」。爲人所不知的是，這些高階經理人，大多數可能是從公司基層做起，在公司服務多年，且曾爲公司賺了大把的鈔票，遠超過他目前所獲得的薪資報酬。

其實，人求事，事求人，從公司的立場，也希望能找到一個能爲公司創造績效（不論是

內勤管理或是業務推展）的優秀人才，並接受長期培養成爲下一代的接班人，使公司能永續經營。所以，求職者（不論是新鮮人或老鳥），首先，一定要培養自己具有公司或業界所需要的專才，除了能爲公司帶來績效外，還要有能力爲公司解決問題，度過經營危機。其次，是了解公司文化，不論是事前蒐集資料，或者在加入後仔細近身觀察，若是與本身性格或興趣相近，就要盡快融入，若公司文化不是自己所欣賞的，或工作內容不是自己喜歡的，就得重新思考，對公司或對自己，長期留下來是否可能有互利和共同成長的空間。對公司而言，也是如此。因此，一般實務上會有提供彼此互相觀察及評估的試用期。

以下介紹的前面三章，是針對如何加強自己的能力，打下找到好工作的基礎，同時也是最能讓公司對你激賞的部分。若在學校讀書時沒有老師教過，或沒有在書本上學過，當然還是來得及迎頭趕上。對初入社會的新鮮人，可以盡快加強惡補，卽使是職場老手，也可以善用各種資源，透過持續學習改變自己，並檢視過去職場經驗中成功或受挫的原因，再加以改善，使老手成功蛻變爲高手，東山再起，再創高峰。

爲協助年輕人順利找工作、提升職場存活能力，和及早培養自己被利用能價值，成爲企業的接班人，每章結尾提供給年輕學子一段小貼士（Tips）供參考。

一、三頭與三好

剛上大學一年級時，曾經有幸受教於清朝出生，父親爲清朝舉人，國學底蘊深厚的吉樑教授。當時吉教授雖已高齡83歲（學生都尊稱他爲「吉爺爺」），但精神奕奕，講起課來生動有趣，可以滔滔不絕連續講四堂課不休息。吉教授博學多聞，曾任教於台中師專，並出版「文法精論」一書，嘉惠後人。他曾說在他的幼年時代，四書五經不僅必須背得滾瓜爛熟，還要能默寫得出來，這是我們這一代望塵莫及的。

吉教授來自江蘇，經歷過朝代變更，也經歷過兵凶戰危，九一八後執教於大專，也擔任過省府參議，可說是學經歷十分豐富。我曾在大一下學期擔任班代時，陪伴在板橋獨居的吉教授同住一學期，也因此更有機會近身學習到吉教授的人生智慧，例如，他曾經分享他聽過孫中山演講的故事，說孫中山的口頭禪是「不要緊的！」（也不知道是不是眞的？），「做人要講求「廉」，也就是能貪的時候不貪，才會有浩然正氣」，「擔任領導者要能任勞任怨」，或是「萬般皆是命，半點不由人」等智慧的話語，對我來說，眞是寶貴的人生際遇。

吉教授對我們這些後生小輩毫無保留傳授他的人生經驗，其中，對我影響最大的是「三

頭」與「三好」。所謂「三頭」是「舌頭、筆頭，與拳頭」，「三好」是「書要讀好，人要做好，事要辦好。」基本上，若能好好培養「三頭」，及達到「三好」的境界，搭配上天時及地利，就非常有機會成爲人生勝利組。

在舌頭方面，要盡可能博學多聞，並找機會練習思考邏輯、口條及上台的台風，可以在短時間內抓住人心，簡要扼要地把重點向聽衆表達清楚。在筆頭方面，要經常練習寫作，旁徵博引，起承轉合，段落分明，令讀者心有戚戚焉。在拳頭方面，要經常鍛鍊身體，保持強健體魄，如能習武防身更好，自助又能助人。

「三好」則是比「三頭」更重要，大多數人一輩子都在努力學習如何把「三好」都做好，但很多人在此生一樣也沒做好，畢竟每一項都是門高深的學問，想要做好並不是一件容易的事。

要找到好的工作，就必須想辦法先把自己的基礎實力培養好。駑鈍如我，就是將吉教授的話奉爲圭臬，在大學時就大大的學（如積極參加各類社團、投稿校刊、當選學生代表或學習跆拳），不斷充實及努力培養自己上述各項能力，儲存自己被利用的價值，不論是自己創造機會，或是等到有一天機緣成熟時，自然能水到渠成，千里馬遇到伯樂，姜太公遇到周文王。

小貼士：可以「三頭：舌頭、筆頭，與拳頭」，及「三好：書要讀好，人要做好，事要辦好。」作為人生努力的目標。謀事在人，成事在天！

二、中文與英文

想要在職場脫穎而出，不論是外商或是本土公司，良好的語文能力占有很大的因素。回顧成長過程，在那個有聯考及升學率掛帥的年代，我就讀於台南一所考上台南一中升學率很高的國中。由於政府的政策改變，義務教育延長爲九年，教導我們老師畢業自不同的學校，除少數爲師大畢業外，也有來自台大、淡江、中原、靜宜等，每位老師都教學認眞，學有所長，而學校對學生也依據學習成績，區分爲Ａ段班和Ｂ段班，提供不同的生涯輔導（如Ａ段班的同學多數以考高中或五專爲主，而Ｂ段班的同學多數以考高級職業學校爲主）。讀的是國立編譯館統一編的教材，內有精選上下古今優美的古文、散文、詩，和中國文化基本教材。研讀古文，除了須記住老師的逐句解釋的意思外，還須背誦課文後面對詞句的白話註釋，如同塡鴨一般盡可能塞進我們的腦袋。爲了加深我們的記憶，除重複考試測驗外，對於未達到標準分數的，老師一般都會以藤條伺候，少一分打一下，學生們戲稱爲竹筍炒肉絲。常常在處罰完後，被處罰的人都會拼命搓手以減低疼痛，而教室空氣中也常會瀰漫著萬金油的味道。古人有云，嚴師出高徒，經過三年的共同努力，老師與學生的付出反映在超高的升學率上，直到現在，有些白話註釋偶爾還會浮現在腦中，對老師們當年的苦心教導，四十年來，我也一直銘記在心。相較於古代私塾教育，孩童必須熟背三字經、千字文，及四書五經等，我們被要求背誦的內容已經相對少很多了。之後，高中三年和大學一年級的通識教育，國文仍是必修，但學生的中文程度如何，就得靠個人的興趣及投入時間的多寡來決定。

有謂，讀破萬卷書，下筆有如神，這句話是眞實不虛的。除了中文外，英文也是如此，大量閱讀的確能夠提升自己的語文程度。欣賞古今中外的好文章，除能跨越時空與作者神交，吸取前人的智慧經驗外，同時也增強了自己的文學底子。在小時候記憶能力最好的時候若能多背誦好文，等到長大要用時，才能信手拈來，引經據典，出口成章，爲文行雲流水。

誠如在出國留學篇所述，剛到美國時我的英文程度很差，但在熟讀了許多經典的美國法院判決後，其中優美的詞句，和文字的巧妙運用，深深印烙在我的腦中。久而久之，寫出來的文章，才逐漸看起來有點樣子，不過仍需經過高人（如回台後在律師事務所工作時的資深美國顧問）指點與修改，才能更進一步貼近日常專業和商務往來溝通的用法。語文程度和能力的提升，絕非一蹴可及，也無捷徑，必須日積月累，投入相當心力，才能日起有功。

有了良好的中英文能力，在本土或外商公司工作時，才能游刃有餘，畢竟語言是重要的溝通工具，除了達到有效率訊息傳遞的目的外，也可顯示表達者的文化底蘊及個人涵養。

小貼士：天底下沒有白吃的午餐。語文程度和能力的提升，絕非一蹴可及，也無捷徑，必須日積月累，投入相當心力，才能日起有功。

三、專業證照與表達能力

除了語言能力外，在專業證照至上的年代，各類專業證照的取得，更是多多益善。一方面可贏得公眾及企業用人單位對自己專業能力的肯定，另一方面在準備專業證照的過程中，也可加深自己的專業知識（如瞭解理論與實務的做法，及兩者的差異）。因此，如在時間、體力及費用許可下，都盡可能抽空準備專業證照考試，並藉由考照補習班的專業協助，改善自己的不足（如從未學過的會計學和投資學），想辦法於短期內取得專業證照。

在我取得紐約州律師執照返台後，曾有機會進入律師事務所擔任法務人員，與資深外籍顧問一起協助處理金融法務有關案件，並學習如何爲客戶提供法律服務。之後轉赴外商銀行擔任法務法遵人員拚搏數年，處理消金、信託、企金、境外金融和私人銀行有關的法務法遵問題，也曾在外資券商擔任過法務法遵人員。當時有本很受歡迎的書，叫做「藍海策略」，受到該書的影響，促使我有勇氣跳出紅海（銀行業）轉戰外商產險業（直接保險業務）、投信投顧業、壽險業、產險保險經紀人（再保險業務）及本土金控下的證券業等，數個不同領域近二十年。

爲求迅速了解相關業務法規和實務做法，且符合相關法令（在到職前須取得相關的金融證照），必須將自我的身心，時刻保持在持續學習的最佳狀態，並能在短期內彈性回應外在環境的變動。培養這個應變能力是十分重要的！

除繼續強化本身原有的專業領域（如邊工作邊準備台灣律師考試）外，亦積極嘗試跨足其他領域（如考取中華民國風險管理學會認證的企業風險管理師，和個人風險管理師證照），並將跨業工作經驗及跨領域的專業知識加以融會貫通，以增強自身的競爭力。

如前述吉教授強調訓練舌頭的重要性，當自我的工作經驗與專業知識累積到一定程度時，也是應該回饋社會大衆的時候。經過毛遂自薦，很幸運獲得在保險事業發展中心和台灣金融研訓院（台灣金融界最高的研訓殿堂）擔任講師，並分別在北、中、南區教室，上台面對業界精英侃侃而談，分享自己在外商二十年從事洗錢防制和打擊資恐的心得與經驗，並以學員對講課滿意度的正面評價，做爲持續進步的動力。

小貼士：及早認清社會的現實，養成一套自律的習慣，並盡可能獲取各類專業證照。必須將自我的身心，時刻保持在持續學習的最佳狀態，並能在短期內彈性回應外在環境的變動。培養這個應變能力是十分重要的！

四、如何選擇合適的工作？

古有云：「男怕入錯行，女怕嫁錯郎。」找到自己喜歡且能勝任的工作，就是合適的工作。至於其他薪資待遇、公司聲譽、升遷管道、主管同事，及工作地點，當然也是必要考慮的點，但僅透過公開訊息和幾次面談，除了工作內容、薪資和地點外，並無法獲知公司內部確切的情形，只能在眞正加入後，才能慢慢深入了解公司的文化。公司用人單位用人也是如此，其實，聘僱的過程，對勞資雙方都是一種「試誤的過程」。

有謂，「知己知彼，百戰百勝」，透過自我檢視，和朋友長輩聊天，或過去的經驗，誠實面對自己的性格，分析自己長處和侷限。最重要的是，自己對這個工作內容是否有熱情及興趣，有機會能夠發展自我，並且學到東西。一般而言，能力是可以透過培訓而提升，也就是熟能生巧，但對工作有理想與熱情，才會有源源不斷的動力。有些外商或大公司針對特定層級員工會提供性向評估，協助找出員工強項或需加強的項目，並安排他參加適合的課程，以提升能力，爲公司作出更多貢獻，創造雙贏。

年輕的時候，對職場現實的生態或人情世故還不是很懂，在加入新單位後，若遇到人事上

的糾紛或是立場上的衝突時，就很容易萌生退意。這可說是職涯過程中的挫敗，但也是一種經驗學習，日後必須自我檢討，若再遇到同樣或類似狀況時，該如何面對及處理。

大多數人的人生旅程中，都有起伏的時候，不同的是，有些人可能在跌倒後就賴在地上發脾氣，怨天尤人，一蹶不振，但也也人在跌倒後，順勢在地上撿起一些有用的東西，並在努力準備爬起來的過程中，平心靜氣地欣賞路上的風景。從歷史上來看，許多大人物的一生也是多次在驚濤駭浪中大起大落（如蔣介石先生和鄧小平先生），但都堅持不放棄，最後平安度過，成爲最高領導人。

有些人韌性很強，也可說是非常認分，從不叫苦，一輩子只在一家機構上班，找到一份工作後，就服務到退休。例如，我的父親，台大畢業，預官第3期退伍後，就加入台X公司，一待就是38年，由於在他年少時，受了不少磨難（顛沛流離，且經常食不果腹），培養出堅毅的個性，在公司服務期間遭遇到許多挑戰或逆境時，但他都能逆來順受，沉住氣，想辦法解決問題，因此能受到長官賞識，升遷到一級主管後榮退。我的母親也是如此，六歲失怙，九歲失恃，在舅父舅母的照顧下，度過最艱難的時期，師範畢業後當老師，投身特殊教育教導照顧聾啞學生，連續貢獻超過30年。早年有許多行業學習日本，採行終身雇用制，但隨著全球化，社會經濟變化大，有時公司或機構在永續經營和對股東負責的前提下，也不得不必須採取一些人力成本減縮的政策，而在景氣好，工作機會相對多時，新世代的年輕人也不再如以往，以在一家公司做到退休爲目標。因此，選擇工作時，就必須考慮未來產業的趨勢，或公司是否有持續創新的能力，一旦加入後，就必須想辦法和企業或機構一起成長，不斷提升自己各項能力，並擴大自己的視野和格局，期許自己成爲公司未來的支柱。

小貼士：人生充滿各種困難的選擇，決定後就要無怨無悔為自己的選擇負責。

五、機會在哪裡？

有人說，「機會永遠是給準備好的人」，與其盲目追求機會，不如先以平常心充實自己，讓自己具有多項才能（準備好幾把槍），如同臥龍的諸葛亮，或是周朝的姜太公，等待機會的到臨。聖嚴法師也曾說：「隨順因緣、把握因緣、創造因緣。見有機緣宜把握，沒有機緣要營造，機緣未熟不強求。」做任何事情都一樣，要重視天時、地利，及人和。就我個人的經驗而言，在這個每天充滿資訊、挑戰和高度競爭的社會，適時地展現自己的才能並主動尋找機會，是有其必要的。鬼谷子的學生蘇秦，在成為六國宰相之前，因為早年有口吃，求職多舛，耗盡家財，被兄嫂嫌棄，窮途潦倒，但堅持不放棄，懸樑刺骨發憤研讀兵法、經濟和法律，並到處推銷自己，倡議合縱策略，受到君王重視，最後掛了六國宰相的大印，衣錦還鄉，並使得六國獲得十五年的短暫和平。

現今社會是網路世界，資訊的獲取與傳遞，十分方便且多元，找工作除了依照傳統方式看報紙廣告，或透過親朋好友外，還可以上網找求才網（如104, 1111, Linkedin等），或透過獵人頭公司的引薦（通常是高階主管或專業人士為主），尋找國內外的工作機會。更直接一點，還可以上自己心儀的公司官網投遞履歷，毛遂自薦，減少等待仲介媒合的時間。應注意的是，若是雇用公司的特定主管十分積極邀你前去，除非眞的是千里馬遇到伯樂這種千載難逢得機會外，最好也要透過管道多打聽一下公司內部情形，避免加入後捲入部門內的人事鬥爭等。

現在社會日趨多元，也有許多人不考慮受雇或擔任公職，而是願意嘗試自己創業，自己創造機會。在我的人生職涯中，也曾嘗試獨資設立一家顧問公司，運用自己過去所學和工作經歷，一方面在保險事業發展中心及台灣金融研訓院擔任講師，或受邀到學校演講外，另一方面則與律師事務所合作，擔任洗錢防制和打擊資恐的專職顧問，接受客戶個案委任，同時持續在報章上發表專業文章，分享實務經驗與心得，想盡各種辦法多方面發展。

不論是透過以上介紹的哪種方式獲得工作機會，都必須不斷地嘗試，秉持永不退卻的勇氣，接受各種忤逆和放下挫折感，才能漸入佳境。至於要多久時間才能有所收穫，並沒有一定的答案。但如能持續充實自己的技能，保持正向的態度，累積正面的能量，不驚慌失措，也不自暴自棄，好的工作機會，遲早會有到來的一天，就如同電影「當幸福來敲門（The Pursuit of Happyness）」一樣，苦盡甘來。

目前社會上存在有許多求職詐騙，最近甚至出現柬埔寨模式的恐怖求職陷阱，主要是利用求職者的急切心想要有份工作，以安生立命或養家活口，所以不論是各年齡層正在找工作的男

女求職者，千萬不能急躁，一定要小心查證，不要被一時沒有工作產生的壓力，放鬆自己求職時的警戒心，可多利用政府機關提供的媒介服務或參加職訓，製造自己被雇主看到或賞識的機會，減少被詐騙的可能。

小貼士：很多時候，機會是需要等待的，但在機會沒有來的時候，要多充實自己，預做準備，等待風雲際會時刻的到來。

六、履歷代表你

在還沒有見到本人時，代表你的履歷就已經先送出給完全不認識的陌生人，所以如何準備好一分好的履歷，好好地介紹你自己，引起面試者想進一步認識你的興趣，就十分重要。

首先，就像講話一樣，必須講重點，不可拖泥帶水，或做流水席般的介紹（當然先前每份工作資歷還是得依時序說明），且須了解這份工作的性質和內容爲何，自己是否有能力或專長勝任，再就履歷表做客製化的調整。

其次，要想好透過何種管道或方式，簡介你自己的過往學經歷。現今社會自媒體或科技產品發達，也可以用影音圖像活潑且直接眞人錄影的方式，進行自我介紹。

記得二十多年前剛回台灣時，有次準備好相關求職文件，寄給應徵的公司。幾天後，該公司的人力資源負責窗口打電話給我約面談時間，在電話中，她告訴我她很喜歡我介紹自己的方式，在人生每個階段，都有相關的證件和作品，並且按照時序先後由下而上排列，這樣安排對閱讀者來說，是十分貼心的做法。

有人統計過，由於求職者衆，一份履歷被閱讀的時間，大概不會超過2分鐘，有些審閱者只看求職者過去是否有本公司目前所需人才應具有的相關經驗。其次，是有多久經驗，若是主管職，是否有帶過人（或多少人），之後才看有關學歷、薪資等其他重要訊息。所以，過往是否有類似工作經驗往往是重點。

對於職場新鮮人，萬事起頭難，若在學時尚未準備好相關專業證照，準備參加國家考試，或掌握業界需要何種人才，就有可能先待業，一邊充實自己一邊等待機會；或先找一個門檻要求不高的工作，並同時在下班後及假日時，犧牲休息娛樂的時間，抓緊時間迎頭趕上。

在我初入職場的前幾年，晚上或假日，通常是在補習班度過，不論是爲考托福、考律師司法官、考企業／個人風險管理師，或其他金融保險證券業必須持有的證照課程（如信託、投資學、財務分析等）。開封街、重慶南路或南陽街，都是我最常出沒的地區。

簡言之，重點式且具體的敍述自己的專長，並說明與他人有何區隔，和自己如何能爲應徵公司做出貢獻，都是履歷表的亮點。發展出具有個人風格的履歷表，並先做足功課，清楚明瞭目前應徵公司現況和未來發展策略，在應徵信函上，提出自己的看法或問題，或許也是一個可以嘗試的方式，引起審閱者的注意，贏得面試的機會。

小貼士：準備好一份好的履歷介紹你自己，引起面試者想進一步認識你的興趣，十分重要。必須講重點，不可拖泥帶水，並就履歷表做客製化的調整。

七、面試

面試雖然不代表一定會被錄取，但最起碼是一個好的開始，讓自己有機會站上舞台展現自我最佳的一面。有謂，「台上三分鐘，台下十年功。」面試也是如此，必須掌握短短的幾十分鐘的時間（或者更短），讓面試官對你有深刻且良好的印象。就算有些機構的面試只是看一下人才市場上有無後起之秀，現在並無急需用人，也要好好把握機會表現，一方面增加面試實戰經驗，另一方面，若日後眞正有機會時，因為面試官對你先前有良好印象，就會再次主動聯絡你，不可太短視或現實。

簡單講，面試就是考驗如何與陌生人溝通，把自己推銷出去，所以不論面試官的問題多特別，只要不太侵犯個人隱私涉及違法，都可以展現高EQ就重點回答。

以我自己參加面試的經驗，及擔任主管後面試他人的次數，已經多到數不清。在被面試時，有的面試官比較會用同理心體會和了解應徵人過去遭遇的處境，但也有的會打破砂鍋問到底，追究每個職涯階段，受面試者到底經歷過什麼，及為何做出轉換決定，以判斷這個候選人是否有成熟的人格，足以接受日後各式各樣的挑戰。

面試通常不會只有一次或一位面試官，時間也不少於一小時，以利從不同角度分析判斷，並在綜合各方意見後，有效做出是否聘用的最佳決定。因此，面試必須事前做足準備，如有人可以角色演練，則會發現更多自己沒想到的問題。坊間有許多專業書籍，也可拿來參考，了解並改進自己的侷限，畢竟取得面試的機會，就已經是成功的一半。在等待工作機會的日子，可以利用時間從事以前工作太忙想做卻沒有時間做的事（如整理家、陪家人、學習新事物、運動，讀書或準備考試等），保持心情輕鬆。曾經有一兩次，因爲等待機會的時間比較長，造成得失心太重，急於表現而與面試官搶話講，造成談話氣氛急凍，失去後來再次面談的機會。所以，時時正向思考，累積正面能量，了解人生起伏是一個過程，福與禍、得與失是相依的，學習姜太公、蘇秦，或是諸葛孔明，把自己身心保持在最佳狀態，面試時才能把自己的實力充分發揮出來。若是心情緊繃，面試官一定也會感覺得出來。到法鼓山學習禪坐，放鬆心情，放空自己，也是非常推薦的方法。

卽使這次面試沒有成功，也不必太氣餒，塞翁失馬，焉知非福（我曾有幾次因爲錯過工作機會十分扼腕，但後來看新聞，才知道該公司被主管機關裁罰或財務出狀況。）。除確實檢討自己有無須改進之處外，有時沒有被錄取並非因爲自己的因素（如公司政策改變或有其他重要人士推薦的人選出現），不必太自責或往負面想鑽牛角尖。保持積極正面且一切隨緣的心態，

才不會驚慌失措，錯過好機會。

小貼士：「台上三分鐘，台下十年功。」必須在有限的時間扼要闡述自己的長處及企圖心，且從容不迫，不亢不卑，讓面試官對你有深刻且良好的印象。

八、抉擇

一旦新的工作機會已經確定，就必須作出抉擇，究竟是壯士斷腕，直接轉換到新公司，接受全新挑戰，放棄在原公司已打下的基礎，還是轉個念頭，繼續留在原工作，一動不如一靜，。此時就得好好想清楚，仔細分析後，再作出決定。

一般而言，是否會換工作通常都有兩股力量在拉扯，外在的拉力和內在的推力。有人說，找工作要找「錢多、事少、離家近」，雖是玩笑話，但有時還是可以拿來參考，檢視一下自己現有的工作。畢竟工作不是人生的全部，能和家庭生活，及個人的身心健康達成平衡，才能有比較美好的人生。外在的拉力（如薪資、工時、工作量、工作性質）若有比現在的情形好，的確有比較大的吸引力。內在的推力，除有前述拉力相反的情境外，與主管或同事的相處關係，或者公司文化（是否誠信經營）也是最常見的推力。

在一般社會通念上，對於經常換工作的人會賦予滾石不生苔，怕苦畏難，沒有穩定性等的負面評價。相反的，能夠長久穩定在同一間公司服務，通常會被認爲是成熟且有忠誠度的好員工。也因如此，若有打算轉換工作時，就必須想清楚，究竟自己能否接受別人異樣的眼光，及值不值得這樣做。

另一種需要抉擇的情形是，同時有一個以上的工作機會出現，究竟是要去哪一個才是最適合自己，並能夠在下一個十年提升自己達到另一個境界。卡通小美人魚影片中，壞章魚嬤嬤對小美人魚說，人生總是充滿困難的選擇（Life is always full of hard choices），是我常常回想的一句話。套句投資上的術語，高風險高報酬，每件投資都有機會成本。要知道天下沒有白吃的午餐，若想要在跨國大公司拿高薪，就得付出相對的代價（如勞力、時間和自己的個人生活）。

想要挑戰一般社會通念，時常轉換工作，就必須對自己的個性和能耐十分了解，並對自己具有信心，對前途充滿希望，勇於挑戰陌生環境，及承擔換工作所可能帶來的風險。因爲有時一不小心沒轉換好，就會從職場的山頂跌落谷底，即使沒有粉身碎骨，也會身受重傷，需要時間療傷，而且還不知道要經過多久，才能重出江湖。大多數的人比較喜歡有穩定的收入，和安定的生活，以安生立命和養家活口爲優先考量，所以要先審視自己的個性及周遭現有的條件，再做出換工作的決定。

至於其他沒有抉擇的時候（如被公司資遣，或者目前已在待業中），就得沉住氣，好好充實自己，學習蘇秦，或其他古今中外的許多生命的鬥士，在挫折中磨鍊自己的心性，增益己所不能，積極尋找機會，耐心度過黎明前的黑暗，仰望隧道另一端光明的到來。

小貼士：社會上大多數人，對於經常換工作的人會賦予滾石不生苔，怕苦畏難，沒有穩定性等的負面評價。能夠長久穩定在同一間公司服務，通常會被認為是成熟且有忠誠度的好員工。若有打算轉換工作時，就必須想清楚。

九、全心投入

好不容易從找工作、面試，到最後報到（有的公司還得先去體檢，申請徵信報告，或取得良民證），開始上班後，就得全心全意盡快融入新工作。不論是老闆交代的事，或者是老闆未交代但基於本身職責或過去經驗，盡可能爲新的工作貢獻出新的想法與做法，這也是每個人在工作上的價值。所以，使自己保持身上揹有許多把槍（技能）的狀態，是非常有必要的。

有時剛到一個新的公司，會感到實際情形不如預先所想像的那樣，但一定要抱持著「既來之，則安之。」的想法，先將心安定下來，檢視是否是自己想太多，或者太堅持過去成功的經驗，畢竟每個地方都有獨特的問題需要解決，這也是新公司找新人來的主要目的，是否可以創造新人新氣象。

首先要廣結善緣，不恥下問，以期能早日進入狀況，迅速上手，畢竟不是職場生手，來了就是要幫忙解決問題。此外，對於原有的人事物，及運作方式，多聽多看，少批評，也是非常重要，以免給別人壓力或批評的機會。

工作上最主要克服的，不是單純的做事，而是如何與人相處。有謂，做事容易，做人難。

如何建立良好關係和信任，是需要時間的。我常以「路遙知馬力，日久見人心。」來勉勵自己，不要急於表現或澄清什麼，也因爲每個人的立場不同，不要太快相信別人對你說的，或對人事下定論。把定好自己的初衷，不隨波逐流，且對事不對人，盡心盡力把事情做好，沒有任何傷害他人的想法或作法，日子久了，別人也就了解你的爲人。

新人永遠是別人注意的焦點，一舉一動都是在鎂光燈下，尤其是一般公司都有三到六個月的試用期。在這期間，同事和主管都會特別注意或記錄新人表現優良或有無需改進的地方，所以隨時保持在最佳狀態，用心學習和虛心受教是十分重要，千萬不可自以爲是，或者是自視高人一等，否則很快就被列入不受歡迎的人，如此才能順利通過試用期，不會阻礙重重。

剛加入一家新公司，除非有急事要處理，上手前最好不要每天都準時下班，先了解公司及部門的文化，而且剛加入對很多東西或事情一定會不清楚。每天下班後，可以多待一下自我學習。若有資深同仁教導時，一定要勤做筆記，因爲別人也很忙，不會隨時都有空重復指導，同時這也可展現出新人虛心及用心學習的態度。

總而言之，全心投入是快速上手的重要關鍵，同時保有積極的態度，虛心求教，盡快融入新公司，也會讓別人對你刮目相看。

小貼士：工作上最主要克服的，不是單純的做事，而是如何與人相處。做事容易，做人難。如何建立良好關係和信任，是需要時間的。以「路遙知馬力，日久見人心。」來勉勵自己，不要急於表現或澄清什麼，一切安步當車。

十、適應環境

大到全宇宙，小到周遭環境和自己的身體，都是一種磁場，「祕密」一書所介紹的「吸引力法則」，也呼應了佛法強調的「一切法由心想生」的眞理。自己所處的環境，常會因自己的心念轉變而有改變。遇事正面思考，並累積正能量，才能夠達到日日是好日，時時是好時，及心安平安。

在你周遭的人，也會因爲你念頭和磁場的轉變，而有相對應的反應，自己言行產生的效果，最後也終將回到自己身上。所以保持輕鬆的心情，面露微笑，會使自己的人緣變得更好。要知道，解決人和的問題，比處理事情更重要，但這並不是一件簡單的事。對於外境造成的情緒波動，平時就要對自己的身心靈加以洗滌，勤下功夫修心，八風吹不動，不受外界影響，對保持內在平衡。

「物競天擇，適者生存」的法則，永遠都很現實地適用在每一個人的身上。也就是說，每個人都是生命的鬥士，在人生的旅途上，大多數人都不是一路順遂，也都會受到貧與病的威脅，必須不斷鍛鍊自己披荊斬棘的能力，保持內心的樂觀與彈性，創造屬於自己的幸福小天地。

就一個公司而言，一個優秀的員工，不僅是要有扎實的專業能力（事要辦好），遇到人或事的挫折，還需要有堅韌的耐力，並擁有一定高度與格局，及一顆包容他人和柔軟的同理心（人要做好），才能在職場中領導同仁同心完成任務。

有時遇到的環境是十分惡劣的，除了工作量或難度上的挑戰外，還會有人事上因爲各種利益衝突（推事情或責任）或他人負面情緒而遭受到不友善的對待或排擠，這時就要運用自己的智慧與慈悲心，想辦法化解或退卻各種不利的影響，創造雙贏的可能，化危機爲轉機。這不是件容易的事，但也不能因此輕易放棄任何努力轉換的機會，或以對抗的心態去解決人事上的衝突（如拍桌子吵架），因爲這樣不但無法解決問題，還會使人際關係更加緊張，影響到日後與他人合作，或自己在這家公司未來的發展。

當自己的能力不足以應付惡劣的環境，除了要告訴自己，這世上唯一不變的事，就是「變」，要有以不變應萬變的高度忍辱心外，還要多讀好書，站在巨人的肩膀，學習前人的經驗（不論是成功或失敗），或者向職場的前輩請教，如何去面對、接受、處理和放下各種人事上的磨難。除了積極正面去面對一切挑戰外，事緩則圓，有時耐心等待也是一種好方法，有些問題隨著時間的過去，就會消失或比較好解決，並不一定非要急躁地立刻處理。有時反而會欲速則不達，弄巧成拙。這也是爲什麼有人會說，時間就是最好的解藥，有些問題就交給時間解決。

小貼士：「物競天擇，適者生存」的法則，永遠都很現實地適用在每一個人的身上。也就是說，每個人都是生命的鬥士，在人生的旅途上，大多數人都不是一路順遂，也都會受到貧與病的威脅，必須不斷鍛鍊自己披荊斬棘的能力，保持內心的樂觀與彈性，創造屬於自己的幸福小天地。

十一、老鳥與菜鳥

「江山待有才人出，一代新人換舊人」。不論古今中外，或在任何一個領域（如軍隊、公司、醫院或學校），人是社會的動物，只要在組織或機構中工作，一定都會有老幹新枝的現象。除非已有健全的制度，或者有位具智慧的領導者，團結彼此，互相合作，順利傳承，否則很可能會產生無法避免的衝突，只是在程度上有差別而已。

每個人都曾年輕過，在組織或機構中也大多從基層做起，隨著年歲的增長，人脈和經驗的累積，逐步成爲組織或機構中的骨幹，同時也會接觸不同世代的年輕人，或者因爲變革或發展需求，從外部找來的主管或同事。這時如果對此種變動無法適應或接受的員工，就有可能會選擇離開，或者對於外來者產生排擠的心理，這對新來的人而言，會造成在融入時嚴重的困擾，不論對員工或公司而言，都是一種損失和傷害。這時領導者或管理者（包含人資單位），就必須以公正和體諒的態度，想辦法盡力協助消弭任何可能發生的衝突，在各方面（薪資和職位）拉近彼此的差距。

在新進同仁加入時，有時也會造成資深同仁有被替代的恐懼感，造成工作銜接上的阻礙。

此時，主管必須從人性的角度出發，以關懷的方式，降低資深同仁的不安感。

老鳥通常因爲在同一家機構或組織待久了，對於許多日常業務細節，或複雜的人際關係，及企業文化（包括潛規則），都比較熟稔，做起事來也比菜鳥駕輕就熟，且游刃有餘，往往是主管倚重的對象。不過老手做事，若是一層不變，不思考提升或改變自己能力或作法，就有可能被新來的高手在短時間內超越。聰明的年輕人一定要學習謙虛低調，不要鋒芒外露，否則遭到忌妒或對其他同仁造成威脅，難保不會被孤立，甚至被排擠出去。這時就是考驗新人除讀書外，進入社會大學後，做人做事方面是否能成熟以對。

曾經有機會造訪一位校長家，看到牆上掛著一首醒世詩，「做些聰明扮些呆，聰明兼呆是大才，呆不聰明難任事，聰明不呆惹禍來。」一語道破了在人世間，如何在經世濟人的同時，明哲保身。

小貼士：老手做事，若是一層不變，不思考提升或改變自己能力或作法，就有可能被新來的高手在短時間內超越。聰明的年輕人一定要學習謙虛低調，不要鋒芒外露，否則遭到忌妒或對他人造成威脅，難保不會被孤立，或排擠。

十二、工作與家庭

對還沒有財富自由的大多數人而言，工作在生活中佔有十分重要的地位，因爲沒有了工作，家中經濟會發生困難，生活也會失去了重心。若還有養家活口的壓力，在失去了自我發展機會的同時，不確定感和不安感，對精神上的折磨，是十分巨大的。所以職場前輩常常會耳提面命，「要把飯碗捧好」。在經濟基礎還沒有建立起來前，年輕時的我，是不願也不敢結婚生子或買房子的。

爲了把經濟基礎打好，除持續考取證照或進修學位增加競爭力外，另一方面就是在工作上，多做多學，使自己的本職學能和經驗不斷增長，以期能早日升遷獨當一面，爬到中高階主管的位子。但是，天下沒有白吃的午餐，也沒有一蹴可幾的成功，必須投入相當時間、精神和勞力，並且在做人和做事的能力與技巧不斷精進自我。

環顧亞洲多數市場，不論是中國、韓國、日本、香港或台灣，人才的競爭都是十分激烈，想要出人頭地，拿到比較好的薪資，除得付出個人的聰明才智及體力外，大多時候還得犧牲自己的個人生活。加班有時就會變成是一種選項。

在回到台灣工作後的前十年，印象中經常都必須工作到八點以後才能下班吃晚飯。平時白天電話或會議不斷，同時常常要處理急件，所以週六日也大多也會進辦公室加班半天或一天，把手上的案子清一清，爲下一週上班預做準備。長久下來，一方面由於晚吃加上補償心理，造成體重直線上升，三年內增加了十五公斤，另一方面也無心在工作外認眞尋找另一半，建立家庭生活。在外商工作的日子，因爲工作繁重，工時長，單身或失婚的主管，是很常見的，我也是其中的一員。這呼應了有位大哥對我的評價，XX什麼都好，就是沒結婚。等我過了不惑之年結婚生子後，才逐漸了解，單身時以工作爲主，沒有組成家庭的生活，造成了自己比較欠缺妥協、包容和同理心，所以在溝通上常常以自我爲中心，不經意間造成他人和自己的困擾。在明瞭了大我與小我的立場和潛在的衝突後，我才開始努力學習如何找到平衡點，使工作及家庭生活都能兼顧到，就算不能有一百分，也不會像以前單身時那麼失衡。有些公司會注重人才是否能在工作與家庭取得平衡。因爲有了家庭責任或房貸，人才在工作上遇到困難時，比較會願意多包容忍耐及花時間想辦法化解人際關係上的衝突，也就是所謂的待人處世比較圓融。這個是年輕時的我，所無法體會及了解的。其實，單身或結婚並沒有絕對的好與不好，對工作或人格的成熟也沒有絕對的相關，重點是自己是否能隨著時間的流逝，年齡的增長，對人世間的酸甜苦辣有深刻的體悟，並善用同理心，找到一個對己對人都好的一個人生觀（平衡點），在成

就小我的同時，正向完成大我，達到一個中庸的境界。

小貼士：時常回顧自己成長的過程，並設身處地體察別人的處境，善用同理心，找到一個對己對人都好的一個人生觀（平衡點），在成就小我的同時，正向完成大我，達到一個中庸的境界。

十三、持續學習

「學如逆水行舟，不進則退。」的道理，是在讀小學時，老師就經常耳提面命的，但是隨著年紀的增長，每天在處理日常生活瑣事和煩惱（如工作、健康、小孩、婆媳、夫妻等）時，常常會忘了自己在身心靈及專業上的持續進修和成長。

很多優秀的人在進入職場待了一段時間，熟悉且適應工作上壓力，及完成長官交辦或例行的業務後，就會不經意因爲惰性停止思考或學習新的事物，與外在瞬息萬變的大環境脫節。爲了解決這個問題，並強化員工素質和培養接班人，有遠見的機構或組織，就會十分注重，除新進員工外，對現有員工的培訓，提升員工的視野、格局（Think Big），及專業能力，以期提升機構或組織的競爭力。

除了法定進修課程外，跨國企業通常也會提供許多學習的機會，尤其是對中高階主管，甚至會送到海外參加會議和訓練，與其他國家人才互相交流，彼此溝通與學習。

除了被動地去學習外，其實，最好的投資就是投資自己。不像身外之物，自己的實力，別人是搶不走也無法偸走的。首先，要評估目前自己欠缺的能力，和未來打算走的方向，或要達到的目的，其次要有計畫地準備，規劃及善用自己工作以外的時間。若是已婚有小孩，時間上的調配就更是要精打細算，和事先取得家人的體諒。

學習方面，可以是語言、專業證照知識（如金融商品或律師考試）、身心靈方面（如禪修、瑜珈），及管理（領導力）方面。目前坊間有許多補習班，有提供實體課也有線上課，比起二、三十年前，方便許多，可大大減少通車時間的花費和上課時段的限制，只要肯用心學習，資源唾手可得，但通常也必須先投入一定的費用成本。一旦下定決心學習，且投入相當時間、金錢和精神，至少要取得一些收穫，即使考照（如律師執照）無法一次考過，在學習的過程中，也是在逐步累積實力，並且獲取最新理論實務發展趨勢的訊息。

「活到老，學到老。」並不僅是一句口號而已，在這個瞬息萬變的世界，所有人都必須這麼做。幾年前，手機、網路、平板都還沒有發展成像現在這麼普及和生活化，若沒有保持一顆持續學習和年輕的心，是很容易被時代所淘汰的。

「態度決定高度」，平時就要保持積極學習和包容他人的態度，從大局著想，日子一久，高度就會自然而然產生，自我格局和層次也會因此擴大和提升。

小貼士：「活到老，學到老。」及「最好的投資就是投資自己。」雖是老生常談，但要避免困於惰性，停止思考或學習新的事物，使自己與外在瞬息萬變的大環境脫節。

十四、堅持專業

員工與雇主間原則上都是雇傭關係，具有從屬性的特質。在企業層級化的組織裡，依據教科書上對從屬性的分法，可分爲組織上、人格上和經濟上的從屬性。所以在職場中，每個人都有主管，且必須依據主管的指示辦事，否則重者會捲鋪蓋走路，輕者年底的考績或升遷，一定會受到影響。有謂「民不跟官鬥，夥計不跟老闆鬥。」有時主管不見得每件事都是英明神武，或者明察秋毫，但當下屬的，必須有想辦法尋找適當的時機或方法，向主管報告或提出解決問題的方案。

然爾，在法治社會中，國家還是有法令，公司也有內規，當主管的想法與做法，與法令或內規有衝突的時候，就是考驗每個人道德操守的時候。作爲專業人士，有時人格上的從屬性是會與專業知識或訓練相衝突的，這時就必須運用個人的智慧，或向長輩請教，如何想辦法化解和自處。在許多社會新聞中，有時可以看到當事人因受不了壓力或誘惑而守不住道德的底線，發生令人遺憾的事。當我自己遇到這種情形時，在經過天人交戰後，通常都會以本身的個性，及所受的教育和信仰，作爲做人處世的依據。到行天宮參拜時，每次會看到玄空師父的寶訓，

「人生是道德的試煉場」，在西遊記中，讀到唐三藏歷經九九八十一難，一路上和大大小小妖魔鬼怪纏鬥，還好有孫悟空、豬悟能，及沙悟淨的協助，才能順利到西方取經。這就如同應鳳凰女士在「取經的理由」一文中所說，這故事最主要的目的是告訴讀者，唯有在降伏心中瞬息萬變的七情六慾後，才能順利到達彼岸（清淨心）。每個人的人生，其實最重要的是過程，不是結果，如何在人群中，在繁雜的事物中修鍊心性，提升自我的層次和境界。

年輕時，在職場上有時會因爲堅持專業而與他人意見不同，也會因此起衝突，嚴重時甚至爲此轉換工作。隨著年紀的增長，閱歷經驗多了，也慢慢體會到長輩常說的，做人要「內方外圓」，彼此向對方各跨一步，並且以同理心換位思考，幫忙對方尋找解決方法，成爲對方的貴人，尋求雙贏。其實，很多時候問對問題，找對人（人的問題先解決），用對方法（共同尋找解決方案），問題就會迎刃而解了。

小貼士：事理有黑白，人的問題有時就很難劃分清楚。必須守住法令和道德的底線，依據所受的教育和信仰，以同理心換位思考，幫忙對方尋找適法合理的解決方法，成為對方的貴人，尋求雙贏。

十五、出國開會

在外商工作，當到部門主管層級時，每年最期待也最開心的，就是有機會出國走走，參加年度會議，或者教育訓練，和其他國家的專業人士見面和交流。在過去二十年間，曾因不同原因到企業總部、亞洲區辦公室，或會議主辦國家或地區，而有機會造訪美國（波士頓、紐沃克）、香港、澳門、新加坡、日本（東京）、越南（河內及胡志明市）、中國（上海），和馬來西亞（吉隆坡）等國家或地區。其中，以香港最爲常去，因爲沒有時差的問題，且可以及時處理亞洲事務，所以大多數外商企業在香港都設有亞洲區辦公室。

「讀萬卷書，行萬里路。」，透過出國留學或者開會，可以觀察異國的文化、人民的生活，並欣賞美麗風景。只有在出國後，才能更深刻感覺到台灣的可愛，及各國之間的競賽，是十分激烈的。

人在國外，人生地不熟，一定要十分小心，不要輕易冒險。有次去越南胡志明市參加公司年度會議，當上完白天一整天課後，我和一位同事相約一起去西貢河旁邊參觀，當我們看到有載客沿河觀光的遊船，很興奮地想上去坐坐，但不巧遊船剛剛開走，岸邊的船家說，他可以用小艇載我們去追遊船，等我們坐上小艇後，他卻遲遲不啟動，大概是在等還有沒有其他人要搭，等到遊船走遠了，他和另一位助手才急起直追，追了約十多分鐘，遊船已經走了老遠，而且已經準備好掉頭，我們的小艇這時卻因追趕太久引擎過熱熄火了。小艇原本已經要漂向岸邊，但船家重新發動後，又往西貢河河中心駛去，準備等遊船靠近後接駁上船。沒想到此時小艇突然又熄火了，看到那位船家的助手從又臭又髒的河水中不斷舀水澆向引擎降溫，可是引擎這次一直都發動不起來，眼看兩層樓高的遊船直直朝我們衝過來，天色昏暗加上小艇又沒有燈光，遊船駕駛不會看到我們這艘小艇擋在它的正前方，這時我的同事緊張得站起來大吼大叫又揮手，我怕小艇因爲他的動作搖晃翻覆，就大喊請他先坐下抓緊，但情況看起來十分不妙，大約再過四、五秒遊船就要撞上小艇了，但我也不敢貿然跳船，除了泳技不佳外，河水裡還有許多水草及布袋蓮，跳下去恐怕人也會被纏住而溺水，只好把頭別過去不敢看，正在這千鈞一髮的時候，引擎突然發動了，船家立刻駕駛小艇離開到遊船旁，送我們搭上了遊船。我想船家一定也嚇了一身冷汗，不敢再向我們收錢。若是我們運氣差一點，在小艇被撞翻後，只怕人會被捲入遊船底下，到那時就得告別這個世界，留在西貢當波臣。回到岸上後，同事和我都還心有餘悸，久久忘不了剛剛驚險的一幕，躺在旅館的床上，我也因驚嚇而睡不著覺。返抵台灣後第一件事，就是去行天宮拜拜和收驚，及到法鼓山感恩佛菩薩護佑，和祖上保佑。想想應該是自己此生的任務還未了，才會有驚無險，逢凶化吉。

小貼士：到陌生的國度，對環境、語言及民情風俗都不了解，需多注意人身安全，切莫因為好奇心或貪玩，使自己陷於風險，否則想後悔都來不及。

十六、何時該換？換了一定好？

除少數人是含著金湯匙出生或是人生勝利組外，大多數人都是在生活壓力下求生存，所以十分珍惜及把握現有的工作機會，不到不得已，是不會想要換工作。但在職場中，有時會遇到一些情形不得不做出換工作或暫時離開職場的決定。諸如像是，工作內容和執行會導致重大違背法令、良心，或超出本身能力範圍，與工作夥伴（上司或同事）無法相處，無法繼續學習成長或貢獻自我，心力交瘁身體出狀況，公司文化或盈利能力太差，或是家庭生活與工作無法兼顧等。很多人即使出現了以上面的情形，仍為了一口飯，甚至是一家人的生存，或是理想，不得不繼續在崗位上忍耐堅持和委屈自己，希望最壞的情形能夠隨著時間的過去而改變。雖說這個世上唯一不變的就是「變」，但改變通常需要靠時間和機會。有位朋友曾經開玩笑對我說，若眞的碰到被迫要做違法的事，這個工作寧可不做，因為沒工作總比抓去關好，自我安慰一下。畢竟山不轉，路轉，人生還是有許多路可以走，不必一定要勉強自己走違法的路。

洛克斐勒曾說，若想致富，不要輕易衝動、不要安於現狀、不要及時行樂，及不要輕易放棄。當你起心動念想換工作時，必須先想一想是否是自己因一時情緒衝動，才作出此決定。太頻繁地換工作，不但不容易累積經驗，也無法穩定地累積財富，而且對於先前投入的時間、精神，和勞力，也將付諸流水。所以，在決定換工作前，最好多給自己或服務的機構一點時間，再嘗試看看是否眞得無法改變或克服。

在歷經找工作階段後，取得新工作的邀約，並決定轉換時，其實不必太高興，一定要保持平常心，因爲你無法預知自己是否會火坑跳糞坑，或者是糞坑跳火坑。以個人經驗而言，有幾次都是前面的人已經離開至少半年，許多高風險的案件有待清理，剛開始接的時候很辛苦，但人生沒有後悔藥，轉念想想，這也是我在職場上的價値，和公司找我來的目的。

由於人性在那裡都是一樣的，所以轉換工作環境，其實就是轉換磁場，有人的地方就一定有是非，最後你會了解，還是要靠自己轉念，改變自己的心性，正向思考，自己的磁場能量才會轉正，與周遭環境互相影響，產生正向的循環。有次出國開會，有位前輩在聽到我在抱怨現有工作時，只對我說了一句「有工作就做」，意寓深遠，發人省思，醍醐灌頂，卽是，要知足、惜福，和感恩現在所擁有的一切。曾仕強教授也曾說的：「一個人的運氣好不好，不是靠老天，而是要看自己如何運。」佛教或道教也有「一切法由心造」或「萬般由心」的智慧法語。換工作其實也不過就是給自己另一個機會，在轉換環境的同時，沉澱心情，檢討過去自己爲何會無法克服困難或排除阻礙，學習磨鍊並改造自己，使自己變得更好。下次若再遇到類似狀況，會以更高的格局和方式處理事情，不經一事，不長一智。

小貼士：由於人性在那裡都是一樣的，所以還是要靠自己轉念，改變自己的心性，正向思考，自己的磁場能量才會轉正，與周遭環境互相影響，產生正向的循環。

十七、失業了，怎麼辦？

不論是被資遣、被辭職、自己辭職，或新工作沒銜接上，這對所有還在職場要靠工作養家活口，安生立命的人而言，都是人生歷程上重大的打擊或轉折。通常失業後，除了自己對未來及自信心會有不確定感和不安感外，周遭人投射的眼光、善意關心，或是督促，也會造成很大的壓力。有時候看到新聞報導，就是因爲當事人長期失業，在家人急切的關心督促後，造成家庭悲劇的案例。

在遇到無常時，一般人常常會問自己，怎麼會走到這一步？對自己作深刻的檢討。聖嚴法師曾說遇到困難時，要「面對它，接受它，處理它，放下它。」逃避現實並不能解決問題，因爲遲早還是要面對它，愈不盡早學會處理，以後同樣的問題還是會不斷出現，直到你學會這門功課爲止。聖嚴法師在他寫的「生活中的修鍊」一文中，清楚地剖析和介紹如何在平時修鍊，避免人生的悲劇發生在自己的身上，是十分值得參閱的。精神上的修鍊是非常重要，保持正面思考，心安平安，避免精神出狀況，產生憂鬱症，是第一要務。在農禪寺參加初級禪訓班時，法師也不斷提醒，當煩惱來時，就當他是一片雲，不要去執著他，沒多久雲就自己會飄走了。

人要活在當下，不要被過去或未來的煩惱綁架。

除先安定身心外，其次，要靜下心盤點自己目前的經濟情況，如有生活安全上的疑慮，就必須立即尋求社會安全救助的資源，參加就業的培訓，及選擇性向親朋友說明近況，幫忙介紹工作。爲盡快從失業的困境走出來，積極檢視失業的原因，究竟是自己的因素或是外在不可抗力的情勢造成，分別找出問題點，並設定改善計畫，也是必要且有幫助的。

失業時，由於生活失去重心，常常會胡思亂想，且心情容易鬱悶，造成晚上睡眠品質變差或變短，白天則會有頭昏腦脹和渾渾噩噩的感覺，此時就必須每天補充維他命B群，及Omega 3-6-9，使腦神經有充分營養，避免損傷，同時也要多運動增加腦內啡，可幫助放鬆心情，保持身心平衡。

養成一個隨時注意周遭是否有智慧的話語，並再把該話語用心記下來的習慣，對自己是有幫助的。有次在我人生低潮時，經過松山高中大門口，看到校園左右柱子上，各掛了一串字，左邊是「抱持平常心，對己有信心」。右邊是「堅持不放棄，人生有意義。」這兩句話對我起了莫大的鼓舞。當你度過了最痛苦的階段，你就會發現，自己不只學到東西，且能力提升，心靈層次也提高了，再回頭看時，就如同聖嚴法師所說的，這些挫折、阻礙和困頓，都會轉變成你的逆增上緣。

基督教聖經上也強調，一切都是上帝最好的安排。重點是，在過程中你學到了什麼。在不要放棄自己的同時，更要能安住自己的身心，想辦法突破困境，且不對自己或周遭的人造成困擾，最後才能否極泰來。

小貼士：「行至水窮處，坐看雲起時。」若能秉持天助自助者的精神，努力不懈，想辦法在逆境中成長，環境和結果或許沒有你想得那麼糟！

十八、強大的自我療癒能力

除了透過宗教信仰安定身心外，遇到了挫折，思考也不要鑽牛角尖，一直往負面想。現在企業對員工的要求，除了要有IQ時，還要有好的EQ，也就是挫折忍受力。商業週刊曾經刊過一篇文章，介紹「正面思考的威力」，就我自己讀後的心得，簡單講，是透過ABCDE的步驟，把自己帶出負面的情緒。一般人在遭遇到逆境（Adversary）時，通常先會以自己的智慧或經驗努力克服，但隨著一段時間過去還無法解決時，百分之八、九十的人大概心裡都會產生一種確信（Belief），「完了，我可能過不了這一難關了！」之後就會走到下一階段，想像自己因為這樣會有不好的結果（Consequence），但若心態一直待在這裡，就眞的會萬劫不復，永不翻身了。最後面兩個單字最重要，首先是D（Dispute），要不斷地問自己，眞的是我想得那樣嗎？我沒有任何機會改變現狀嗎？，其次也是最重要的就是E（Energy），要投入正能量，起身採取行動，想辦法改變現狀，提升自我身心靈的能力。這和我出國念書時，一個非英語系國家來的教授鼓勵我們這批外國留學生的「Cry a Lot, Stand Up, Move On」有異曲同工之妙。

遇到困境，還是要時時抱有希望，如同湯姆漢克主演的「浩劫重生（Cast Away）」電影

中所述說的故事，男主角在試過許多方法，仍無法逃離孤島，在絕望中，有一天海浪帶了一塊塑膠板，男主角將它作成竹筏的風帆，成功脫離了海浪的束縛，迎向大海最後，獲得解救。這說明了，你永遠不會知道明天會發生什麼，所以不要輕易放棄自己，放棄希望，要永保正向樂觀，切莫因急躁或一時懷才不遇，情緒失控。我曾在失業且心不安時，前往行天宮向恩主公請示，並獲得籤詩，君子有處困之道，不能急，因爲急則顚，不能躁，因爲躁則陷，不能憤，因爲憤則敗，要鍛鍊自己的心性，時時保持心情的穩定，才能平安度過難關！

當自己困在低潮走不出來時，去醫院、老人院或佛寺當義工，或到郊外或海邊走走，在看到世上有許多不幸的人、聽到智慧的話語，或放眼寬廣的天空或海洋時，原來心中充滿的怨氣、不平，或煩惱，頓時就會轉化成知足、惜福和感恩的心，退一步，海闊天空。心念一轉，磁場和運勢也就會跟著轉了。看看別人，想想自己，多關心生活周遭的人，才會知道每個人都是生命的鬥士（如力克．胡哲寫的「人生不設限」），每個人都有自己的人生功課要完成。

除了運用以上的方法外，有些人也會去算命、摸骨或卜卦，甚至看星座命盤，想要了解如何趨吉避凶，和未來會如何發展。當然，從科學或宗教的角度，或許會認爲這些是心理作用或旁門左道，但對於失去信心或對未來絕望，生活沒有重心的人而言，有時也會起到撫慰人心和激起活下去的勇氣，見仁見智。不過，如「了凡四訓」一書中所開示，最終一切還是要靠自己好好修行，才能日起有功，進而改變命運。多讀好書（如羅馬皇帝馬克．奧理略寫的「沉思錄」），學習別人遭遇挫折後重新爬起來的經驗，站在巨人的肩膀上，一方面可以增加自己的信心，另一方也可以找出自己以前沒注意到的盲點。

小貼士：發揮「正面思考的威力」，積極把自己帶出負面的情緒，心安平安。

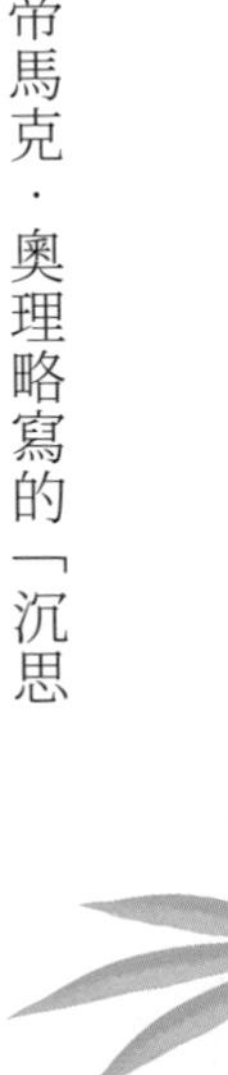

十九、問心無愧

「君子愛財，取之有道。受人之託，忠人之事。」不論什麼原因，換了幾次工作，在每一階段，或每個工作崗位上，都必須要盡心盡力，爲給你工作機會的貴人，排憂解難，並心存感恩，才不會對不起貴人，和自己的良心。用自己的所學、才能、智力，及勞力正當換取合理薪資報酬，做利己利人的事，同時成就小我和大我，才是此生來工作的眞諦。

「人在做，天在看，勿以善小而不爲，勿以惡小而爲之。」有次到松山慈惠堂拜見瑤池金母，在穿藍衣服的師姐拿令旗爲我去除身上晦氣時，她突然問我說，你是做什麼行業的？母娘說你做得很好，要你繼續保持（當時我在金融研訓院擔任講師講授洗錢防制的課）！雖然我以前常去松山慈惠堂，但這還是第一次遇到這樣的情形，心中頗爲震撼，更加堅定信念，對人對事，都必須問心無愧，時時存好心，說好話，做好事。

在我的人生旅途中，曾經遇過多位奇人異士，有的只有一面之緣，有的則以兄長相待，他們各有特殊能力。例如，一位具有瞳鈴眼的大哥，入定後運用神通的能力，義務助人；而在加拿大的一位廣東老人，雖與我從未謀面，卻能知道我的姓氏、生肖、家中排行、婚姻狀況，和父母情形，其他的則透過古人的智慧（如紫微斗數、八字、卜卦）論斷吉凶。他們中有些是不求名利的，且不到五十歲就離開人世，此生是來服務眾生，完成任務後就走了。

在職場上工作時，我也常想到他們發心濟世的精神，及佛陀消業障、積功德，和增智慧的教誨，來調整自己看事情的心態，尤其是當我遇到不合理公平對待的時候。

小貼士：在每個工作崗位上，都必須要盡心盡力，為給你工作機會的貴人，排憂解難，以報知遇之恩。用自己的所學、才能、智力，及勞力正當換取合理薪資報酬，做利己利人的事，同時成就小我和大我，才是此生來工作的真諦。

二十、是一不是二

聽聞了佛法，瞭解了宇宙人生的眞相。學習了易經，明白了宇宙運行的道理。因萬物皆無常，有生必有滅（如生老病死），對此，凡夫都會感到有苦，所以一定要經過修行，明瞭一切苦都是空（佛在金剛經說：「凡所有相，皆是虛妄。」），進而達到無我的境界。雖然諸法皆空，但空中妙有，有什麼，有因果，這就是宇宙人生的眞相。

易經大師曾仕強教授曾說：「陰陽是一不是二。」沒有分別，也沒有對立。淨空法師也常說：「若是有修人，不見世間過。好很好，不好也是好。不好是來示現衆生的，要去除分別心。」這就是宇宙運行的道理，人饑己饑，人溺己溺，視人如己，人我合一。

當我們把這些道理融會貫通，不執著相與無常，去除分別心，並運用在日常生活上，很多人世間的愛恨情仇，就會轉化爲無形，在職場、家庭，或朋友間的糾葛，也就會迎刃而解。這些道理並不是憑空想像出來的，而是眞實地存在並運行在宇宙萬事萬物之中。

小貼士：不論是否有宗教信仰，在人生的旅途上，最好要有指引方向的明燈或導師，在苦海人生的顛簸起伏中，時時引領自己，平安航向到彼岸。

結語

在我進入職場後，一路走來不斷跌宕前進，精神和體力上受到許多磨難，感謝週遭有許多具有慈悲與智慧的貴人，在我人生掉入谷底時，直接或間接伸出手接住我，讓我不致於粉身碎骨，有機會重新再爬起來，繼續在人生的道路上前行，並能以自己的過往經驗，幫助更多有同樣遭遇的人。

甫圓寂的星雲法師，曾經開示我們「要用出世的心，做入世的事。」而他本身就是實踐的典範，一輩子都在造福衆生。建立紫微科技網的張盛舒先生也在解析許多人的命盤後，鼓勵每個人都要「順著天賦做事，逆著個性做人。」

是的，每個人此生都是帶著功課來修行，同時也帶著使命來奉獻，當我們明瞭這一切後，在面對到逆境挫折，或者是順境成功，都要保持平常心，不要太難過，也不必太高興，因爲一切都是無常，更要積極修清淨心，放下名聞利養、五欲六塵，提升自我的層次，才能「跳出三界外，不在五行中。」這也呼應了凡四訓中雲谷禪師所說，認眞修行後，命中的定數是不能拘的。

這世上沒有完美的人，也沒有完美的人生，祝福有緣人在此生都能修得福慧圓滿，否極泰來。

國家圖書館出版品預行編目資料

花有重開日，人無再少年！／時空過客著. --初版.--臺中市：白象文化事業有限公司，2024.2
面； 公分
ISBN 978-626-364-213-3（平裝）
1.CST：時空過客 2.CST：自傳
783.3886 112020489

花有重開日，人無再少年！

作　　者　時空過客
校　　對　時空過客
發 行 人　張輝潭
出版發行　白象文化事業有限公司
412台中市大里區科技路1號8樓之2（台中軟體園區）
出版專線：（04）2496-5995　傳真：（04）2496-9901
401台中市東區和平街228巷44號（經銷部）
購書專線：（04）2220-8589　傳真：（04）2220-8505
專案主編　林榮威
出版編印　林榮威、陳逸儒、黃麗穎、水邊、陳媁婷、李婕、林金郎
設計創意　張禮南、何佳諠
經紀企劃　張輝潭、徐錦淳、林尉儒
經銷推廣　李莉吟、莊博亞、劉育姍、林政泓
行銷宣傳　黃姿虹、沈若瑜
營運管理　曾千熏、羅禎琳
印　　刷　基盛印刷工場
初版一刷　2024年2月
定　　價　250元

缺頁或破損請寄回更換
本書內容不代表出版單位立場，版權歸作者所有，內容權責由作者自負

印書小舖 PRESSSTORE 出版經紀
出版・經銷・宣傳・設計
自費出版的領導者
購書 白象文化生活館